人工智能背景下

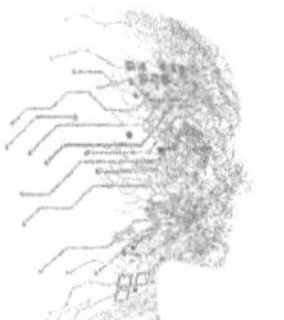

湖南装备制造企业经营效率及提升路径研究

黄振 胡敏 夏利平 ◉ 著

湘潭大学出版社
XIANGTAN UNIVERSITY PRESS

图书在版编目（CIP）数据

人工智能背景下湖南装备制造企业经营效率及提升路径研究 / 黄振，胡敏，夏利平著．-- 湘潭 ：湘潭大学出版社，2024．5．-- ISBN 978-7-5687-1456-3
Ⅰ．F426.4
中国国家版本馆 CIP 数据核字第 20248RA580 号

人工智能背景下湖南装备制造企业经营效率及提升路径研究

RENGONG ZHINENG BEIJING XIA HUNAN ZHUANGBEI
ZHIZAO QIYE JINGYING XIAOLÜ JI TISHENG LUJING YANJIU

黄振 胡敏 夏利平 著

责任编辑： 张宝香　郭　瑜
封面设计： 夏茜旸
出版发行： 湘潭大学出版社
社　　址： 湖南省湘潭大学工程训练大楼
电　　话： 0731-58298960 0731-58298966（传真）
邮　　编： 411105
网　　址： http://press.xtu.edu.cn/
印　　刷： 长沙创峰印务有限公司
经　　销： 湖南省新华书店
开　　本： 710 mm×1000 mm 1/16
印　　张： 12
字　　数： 210 千字
版　　次： 2024 年 5 月第 1 版
印　　次： 2024 年 5 月第 1 次印刷
书　　号： ISBN 978-7-5687-1456-3
定　　价： 58.00 元

前　言

装备制造业是国家经济的支柱产业，同时也是制造业的重要组成部分，它是为国家经济发展和国防现代化建设提供技术装备的基础性产业，是一个国家或地区综合实力的体现。装备制造业具有技术密集型和资金密集型的产业特点，技术创新对装备制造业的发展起到了至关重要的作用。研究如何提高该产业的技术创新能力，对湖南省装备制造业的发展和全省经济发展，都具有十分重要的意义。现代装备制造业是先进生产力的重要载体。高度发达的装备制造业，是实现工业化的必备条件，是衡量国家国际竞争力的重要标志，是决定国家在经济全球化进程中国际分工地位的关键因素。改革开放四十多年来，湖南省装备制造业取得了巨大成就。但不可否认的是，它在自身不断发展的过程中，与沿海发达地区的差距不但没有缩小，还有进一步拉大的趋势。抓住发达国家制造业向发展中国家转移的契机，着力打造现代装备制造业基地是湖南实现新型工业化的关键。

本书首先对人工智能时代的企业经营转型进行综述，探寻适应人工智能背景下的智能装备制造业的发展方向，对湖南装备制造业发展现状进行剖析，分析湖南装备制造业的有利要素支撑、湖南装备制造业竞争结构、湖南装备制造智能化转型的工作模块，以此为依据对湖南装备制造业经营效率进行测度分析。最后分析影响湖南装备制造业经营效率的因素，主要为政策设计配套不够完善、过程有效性评估不够彻底、政策执行落地成果不佳、目标市场开拓有效性不足、营商环境有待优化、智能产业集群效应有待发挥，并从完善装备制造业智能化转型的产业政策体系、加强现代企业经营过程有效性论证与动态评估、构建结果为导向的沟通与激励机制、探索集成式市场拓展与平等竞争发展业态、扩大市场开放度、合力提升区域营商环境、加速产学研相结合等方面对提升经营效率的路径设计展开详细的论述。

目　录

第一章 人工智能时代的企业经营转型

目前，企业对于人工智能技术的应用，大部分处在流程自动化阶段，分析决策智能化及商业模式创新化还处在尝试探索阶段。计算机视觉、语音识别和自然语言处理（NLP）文字识别等技术已能够代替部分重复的人力劳动，帮助企业实现诸多业务流程的自动化。越来越多的企业开始利用 AI 辅助业务决策：海量的数据经过数据治理，通过 AI 模型分析数据之间的关联，挖掘数据的业务价值，进行原因挖掘、趋势预测等，辅助业务决策。

第一节 人工智能背景下企业经营转型的基本概念与理论支撑

一、人工智能

（1）概念内涵

通过对现有文献进行梳理发现，人工智能的内涵至今未有定论，但究其本质，人工智能是代理者（机器、算法、系统等）从结构上、功能上和行为上模仿人类智能行为的能力，表现为具有智能行为的机器智能。其中，结构上的模拟发端于 1943 年 McCulloch 和 Pitts 提出的人工神经细胞模型（M–P 模型），该方法试图建造人工的神经细胞来模拟人类的思维能力，后来逐步演化出人工神经网络（ANN）。为解决人工神经网络结构复杂的问题，1956 年 McCarthy、Shannon 和 Minsky 等探讨利用电子计算机作为硬件平台，通过软件模拟人类逻辑思维功能，并正式提出人工智能（AI）概念，即人工智能是让机器表现出像人一样的智能行为。与此同时，从功能上模拟人类智能，产生了人工智能领域的第二类方法——基于功能模拟的物理符号系统（Simon, 1969; Newell&Simon, 1972）。功能模拟早期主要集中于“逻辑推理机”这一启发程序的研制，后来演变为专家系统（Expert System）。早期的显著成就为第一个通过图灵测试的血液感染疾病诊断专家系统（MYCIN）和战胜国际象棋大师的“深蓝”（Deeper Blue）专家系统。而基于行为的模拟起源于“控制论动物”，即能够模拟动物的某种智能行为的机器动物模型，例如 Shannon 研制的“香农老鼠”和 Walter 研制的“电动乌龟”。之后，功能模拟进入智能机器人研究阶段，Brooks 等（1991）提出了“无需知识表示和推理的智能系统”的“行为主义”方法，并成功研发了一种新型的机器人，它拥有 150 多个各种类型的传感器，能够模拟六脚虫的行为方式。钟义信（2006）提出智能生成的机制主义，机制主义是人工智能结构主义、功能主义、行为主义的统一。

综上所述，人工智能是人类制造出的智能，即代理者（机器、算法、系统等）模仿人类智能行为的能力，表现为具有智能行为的机器智能，包括没有物质形态的基于结构和功能上的模拟以及有物质形态的基于行为上的模拟。本质而言，人工智能是一种技术进步，在与行业深度融合的过程中具体表现为各种有形（机器人）和无形（算法、系统等）的技术创新。

（2）发展历程

与人类社会技术进步的演进历程相似，人工智能的发展并非一蹴而就，同样表现为不断演进的过程，将经历从替代人类计算、预测和搜索的弱人工智能阶段到具有人类思考和认知能力的强人工智能阶段，再到超越人类思考和认知能力的超级人工智能阶段。

①第一阶段：弱人工智能阶段

人工智能的发展历史可以追溯到 20 世纪 40 年代神经元逻辑模型的提出，这一模型的出现意味着从结构上进行模拟的人工智能诞生。人工智能经历了 70 多年的发展，仍处于弱人工智能阶段。弱人工智能是能在某些方面协助或替代人类进行工作的机器智能。在弱人工智能的发展过程中，技术演进的路线并非直线向前，从最初的人工智能诞生到不断发展，争论、困难与挑战无时不在。在研究者们的努力下，弱人工智能的发展出现了三波发展浪潮。

第一次发展浪潮：人工智能发展形成阶段（20 世纪 40 年代—20 世纪 70 年

代中期）。1943 年，McCulloch 和 Pitts 提出的人工神经细胞模型，意味着人工智能在人类历史上正式诞生。1956 年，为解决人工神经网络结构复杂的问题，以 McCarthy 等为代表的从事数学、心理学、计算机科学、信息论和神经学研究的年轻学者们集聚在达特茅斯大学，召开了人类历史上第一次人工智能研讨会，并第一次使用了“人工智能”这一术语，这一年被视为人工智能的元年，同时也开启了各国政府、研究机构、军方对人工智能投资和研究的第一波热潮。此后，人工智能取得了显著的成果。1960 年，美国的 McCarthy 发明了人工智能程序设计语言 Lisp，用于对符号表达式进行加工和处理。1963 年，Newell 发布了问题求解程序，首次将问题的领域知识与求解方法分离开来，标志着人类走上了以计算机程序模拟人类思维的道路。1965 年 Robinson 提出了归结原理，实现了自动定理证明的重大突破。1968 年，Quillian 指出，记忆是基于概念之间的相互联系来实现的。20 世纪 70 年代，人工智能的研究已在世界许多国家相继展开，研究成果大量涌现。1970 年，国际性的人工智能杂志 *Artificial Intelligence* 创刊，对推动人工智能的发展、促进研究者们的交流起到了重要作用。1972 年，法国 Clomerauer 提出并实现了逻辑程序设计语言 PROLOG。Shortliffe 等人从 1972 年开始研制用于诊断和治疗感染性疾病的专家系统 MYCIN。然而，这一时期，受到基础科技发展水平以及可获取的数据量等因素的限制，在机器翻译、问题求解、机器学习等领域出现了一些问题，在语音识别、图像识别等简单的机器智能技术方面取得的进展都非常有限。英国学者 Lighthill 在 1973 年发布的研究报告《人工智能：一般性的考察》中指出，人工智能项目就是浪费钱，迄今该领域没有哪个部分的发现产生了像之前承诺的那样的。基于此，英国政府大幅削减了人工智能项目的投入。到 20 世纪 70 年代中期，美国和其他国家也大幅下调了该领域的投入，人工智能的研究也因此进入停滞状态。

第二次发展浪潮：人工智能快速成长阶段（20 世纪 70 年代中期—20 世纪 90 年代中期）。这一时期，人工智能研究者们对以前的研究经验及教训进行了认真的反思和总结，继续迎难而上，迎来了以知识为中心的人工智能蓬勃发展新时期。1977 年，Feigenbaum 的“知识工程”概念引发了以知识工程和认知科学为核心的研究高潮。在此基础上，专家系统和知识工程在全世界得到迅速发展，部分人工智能产品已成为商品进入生产生活。20 世纪 80 年代，人工神经元网络的相关研究取得了突破性进展。Hoplield 于 1982 年构建了新的全互联的神经元网络模型，并在 1985 年顺利解决了“旅行商”（TSP）问题。1986 年，Rumelhart 构建了反向传播学习算法(BP),成为普遍应用的神经元网络学习算法。在这一时期，尽管人工智能在专家系统、人工神经元网络模型等方面取得了巨大的进展，能够完成某些特定的具有实用性的任务，但面对复杂问题却显得束手无策，尤其是当数据量积累到一定程度后，有些结果难以实现改进，极大地限制了人工智能的实际应用价值。因此,人工智能发展到20世纪90年代中期,相关研究再度陷入困境。

第三次发展浪潮：人工智能纵深发展阶段（20 世纪 90 年代中期至今）。自 20 世纪 90 年代中期开始，机器学习和人工神经网络的研发工作加速推进，人工智能实现了巨大的突破。1997 年，计算机“深蓝”完胜国际象棋大师 Kasparov，重新点燃了人们对人工智能的希望。2004 年，日本率先研制出了人形机器人 Asimo。2006 年，深度学习取得了重大突破之后，图形处理器（GPU）、张量处理器（TPU）、现场可编程门阵列（FPGA）异构计算芯片以及云计算等计算机硬件设施不断取得突破性进展，为人工智能提供了足够的计算力，得以支持复杂算法的运行。2005 年以后，随着大数据持续积累，给人工智能的发展提供了规模空前的训练数据。2016 年，AlphaGo 完胜世界围棋大师李世石，将人工智能发展的高潮推到了一个新的高度。世界主要经济大国加快布局人工智能，加大对人工智能产业的投入，出台各项鼓励人工智能发展的政策，为人工智能在全球范围内取得新的突破打下了坚实的基础。2017 年，AlphaGo Zero 通过深度学习实现了自我更新升级，不断自我超越，完胜 AlphaGo。国际商业机器公司（IBM）研发的人工智能 Watson，通过机器学习分析以及解读海量医疗数据和文献并提出治疗方案，其分析结果与医生的治疗建议具有高度的一致性。微软公司的机器人小冰，自学了自 1920 年以来的 519 位诗人的现代诗，并在网络上发表了自创现代诗后，并未被发现是机器所作。此外，人工智能在交通、教育、金融等领域也展示出巨大的应用前景。

②第二阶段：强人工智能阶段

随着人工智能技术不断取得突破，在不远的将来，人类社会将逐渐迈入强人工智能阶段。强人工智能，即通用人工智能（Artificial General Intelligence, AGI），是指能够自我感知和理解外部世界，不断地自我学习新知识和实现自我升级的机器智能。在强人工智能阶段，智能机器、算法或系统将具备与人类一样的学习和理解知识的能力，能够像人一样具有思维，并对复杂理念进行分析、思考、计划、自我学习以及通过过去的经验进行总结学习等，人工智能也就表现为在各个方面都能与人类媲美的机器智能。因此，人类劳动力能够完成的大部分工作任务，强人工智能都能够自主完成。也就是说，强人工智能不仅能够替代人类的体力劳动，还能替代脑力劳动，人工智能的发展达到前所未有的高度。

当然，对经济社会影响越深远的技术，研发和重组所需的时间就越长。强人工智能的强智能特性决定了其对经济社会的影响比传统技术创新和弱人工智能都要深远，因此需要较长时间的积累。正如马克思所言，量的积累到一定程度才能实现质的飞跃。人工智能的发展也遵循这一规律。关于强人工智能何时到来，在学术界和业界争论不一，至今尚未有定论。

③第三阶段：超级人工智能阶段

超级人工智能是指基于海量的数据整合和高度的学习与自我学习，使智能机器具备远超人类智慧的人工智能。可以把这一阶段的人工智能理解为几乎在任何领域都比人类聪明，这也意味着生物形态的智慧将不再是世界上唯一的智慧形态。机器智能能够实现递归式自我能力提升，进而实现人工智能指数级爆发和“智能爆炸”，并极大地推动科技进步，纳米技术和基因工程在人工智能的辅助下将迅速得到突破。与此同时，整个社会将呈现严重的两极分化，一极是数量众多的无用阶层，另一极是数量较少的精英阶层。然而，要实现超级人工智能必须跨过一个临界点（“奇点”），即机器智能超越人类智能的界限，一旦实现跨越，人类将重新思考自己和机器之间的关系。

（3）相关研究

①关于人工智能技术的研究

随着技术的创新与发展，人工智能技术开始普及和应用，其对人类经济社会的影响深远而广泛。硅谷教父 Kevin Kelly（1995）认为，技术进步将会引导人类朝着新生物文明发展，也就是机械将生物化，机器将拟人化，进而开始替代人类的脑力和智力。Marvin Minsky（2007）指出，情感机器将是人工智能发展的终极形态，通过解释人脑的运行过程，进而设计出会思考的机器，然后将这种思维运用到人工智能领域，同时也有助于理解人类自身的发展规律。

在研究以人工智能为代表的新一代技术创新所带来的影响时，不同学者间存在争议。Aghion 等（2017）分析人工智能对经济增长的影响，指出人工智能能够提升生产率、加快自动化进程，但同时会导致技术偏向性增长，造成资本回报份额偏低。因此，需要预估人工智能技术可能产生的影响，从而规避负面效应（Ford, 2015; Brynjolfsson, 2018）。Acemoglu 和 Restrepo（2016, 2017）认为，人工智能作为资本密集型的技术，可以有效提高资本投资回报率。在实际生产中，劳动和资本要素的回报差距会逐步增大，从而产生负面的社会影响。王滢波（2016）认为，人工智能技术发展会产生帕累托改进，以更少成本生产更多产品，为社会提供更多便利。从长远来看，所有人都能从技术进步中获益，但是在这一进程中必然有人要承受转型的压力。张妮等（2009）指出，人工智能技术在科技行业中占着至关重要的地位，不同于以往的技术革命，人工智能技术可以解放人类的脑力劳动和智力劳动，同时提高整个产业的生产效率。

学术界关于工业生产中人工智能水平的测度也不一致，在研究全球经济体间的人工智能水平情况时，部分学者采用国际机器人联合会（IFR）发布的《工业机器人报告》中工业机器人相关数据进行指标构建。罗连发（2019）等采用工业机器人可操作性存量和密度数据，对比分析中国和代表性国家机器人市场应用、产业发展、政策体系及其对就业的影响等方面，全面地评价了中国机器人发展所处的地位。韩民春等（2019）、王林辉等（2020）分别采用工业机器人进出口数据和每百家企业工业机器人投入衡量工业智能发展水平。李舒沁（2020）使用可操作存量、年出货量和制造业总体密度三类变量衡量工业机器人发展水平。研究某一特定经济体内部产业结构升级程度时，需要衡量经济体内各地区的人工智能水平。部分学者考虑数据的易获得性和直观性，选取单一指标开展研究，如沈赏（2020）采用信息传输、软件和信息技术服务业固定资产投资额，并取对数，构建人工智能水平与产业转型升级程度的动态面板模型，结果表明人工智能对产业转型升级的作用力相对较小。考虑到采用单一指标表示人工智能水平存在局限性，部分学者选取多维度指标，构建评价体系，对人工智能水平作出更全面的解释。如孙早（2019）从基础建设、生产运用、竞争力和效益三个方面选取10个细化指标，采用主因素分析法测度各省工业智能化相对程度；吕荣杰（2021）选取数据资源丰富程度、基础设施投入、创新能力等测度指标，利用主成分分析构建各地区人工智能发展指数。

②关于产业升级的研究

西方众多学者认为金融危机的根源在于美国经济的“去工业化”，提出新的经济增长必须依靠实体创新，因此西方发达国家实施“再工业化”战略，刺激经济增长，谋求工业社会的复兴。在这一历史背景下，作为制造业核心的装备制造业的产业升级问题显得尤为重要，但产业升级尚未形成统一衡量标准，国内外学者就不同角度对产业升级展开了相关研究。Kaplinsky（2001）提出产业升级可以从功能升级、产品升级、工艺品升级和链条升级四个方面实现。Ernst（2003）指出产业转型升级体现在需求升级、功能升级、要素升级、产业间升级和产业链升级五个方面。本书考量产业升级所选取的两个角度是产业结构升级和价值链升级。

Chenery 等（1988）认为，产业升级的两个重点方向在于需求改变和技术改变。Porter（1990）认为，随着生产经营过程中企业资本扩张、劳动力资源增加、产品附加值上升，推动企业向资本密集型和技术密集型产业转移。这一研究最早从要素角度解释产业升级概念。刘淑茹（2011）、高远东（2015）等分别从产业结构高度化、产业结构合理化的角度阐释了产业结构升级的含义，徐辉（2016）从产业结构高度化和合理化角度分析了产业结构与经济之间的关系。许金普（2017）从合理化和高度化方面测度产业结构升级指标。本书依据现有研究成果，将产业结构升级的测度划分为产业结构高度化和合理化两个方面。

产业结构高度化指的是以劳动密集型产业为主转向以资本密集和技术密集型产业为主的过程和趋势。1960 年，日本国民收入倍增计划中首次提出结构高度化的概念，计划的主要目标在于产业结构转换，使较低生产效率部门占比降低，较高生产效率部门占比提升，重点关注重化工行业的比重。Simon Smith Kusnets（1971）对比分析了产业增速和结构变化的相关关系，结合美国制造业各细分行业在制造业总产值中所占比重和特定时间段的增长率情况，提出影响产业高度化的原因：一是在货品资源充足的条件下，人类需求会从人均产值较低的生活必需品转向人均产值较高的商品，需求结构的改变将影响生产结构，使其发生相应变化；二是一国国内生产结构会受到对外贸易水平和比较优势的影响；三是技术创新的速度以及影响范围。Erst（1998）提出产业转型升级的本质是生产高附加值产品的过程。Gereffi（1999）认为企业转型升级能够实现价值增值，从而提高企业盈利能力。Poon（2004）在研究中指出产业结构升级是厂商从生产劳动密集型产品为主转向生产资本和技术密集型产品为主的动态过程。学术界测度产业结构高度化采用的方法一般分为三种：第一，静态比较法，将研究对象的产业比例与发达国家比较，判断其产业结构高度化水平。例如，刘伟等（2010）采用产业比例和劳动生产率的乘积度量产业结构高度化水平，并将我国与其他典型国家的高度化水平进行比较；第二，动态比较法，将某经济体的产业结构系统作为参照，采用相关系数法、结构相似系数法等构建量化指标来判别产业结构高度化的水平。例如，付凌晖（2010）改进结构相似系数法，测度了产业结构高度化水平；第三，指标法，构建量化指标以评价产业结构高度化水平。例如，王福军（2008）将装备制造业的产业结构高度化指标概括为技术结构、资本结构、劳动力结构和产值结构等四个方面。

产业结构高度化与合理化是互相依存的，合理化是提高产业关联质量，提升可持续发展水平和产业协调性的过程。孙福全（2006）认为，产业结构合理化是高度化发展的基础。产业结构升级并非高级产业替代低级产业的简单过程，而应当存在一定的发展路径。在产业结构失衡的时候，应调整产业结构，促使高度化与合理化共同发展，达到协调状态。张正华（2011）提出产业升级问题中，应首先考虑合理化，然后按照合理化升级的方向推进，以实现产业结构高度化发展。俞一珍（2016）采用产业结构偏离度对合理化水平进行定量分析，但偏离度指标没有考虑产业间的差异性，以及不同产业对经济发展的贡献程度存在的差别。姚战琪（2019）利用三次产业与二次产业的产值之比度量了各省份产业结构合理化水平，也忽略了不同产业或行业在整体经济中的贡献度差异。在考虑产业间差异时，需要考虑泰尔指数（Theil, 1967）。王少平（2007）将泰尔指数用于分析区域间的收入差异问题。李慧（2017）在测度装备制造业的产业结构合理化水平时也采用了这一指数。

③关于人工智能对装备制造业升级的影响研究

智能制造概念的提出，标志着人工智能在工业生产中的运用得到广泛重视与认可。Omb 和 Jim（2010）提出，通过对装备制造业进行数字化升级，将会有效地提高装备制造业产品生产效率。梁一新等（2013）指出，工业机器人已经成为先进制造业中不可或缺的重要装备，是衡量一国制造业水平的重要标志。随着欧美国家"再工业化"的兴起，开展转型升级还需要从战略管理及组织变革层面进行，以工业机器人为代表的高端智能制造将成为未来各国竞争的主要方向。缪学勤（2014）分析智能工厂的体系架构，提出应该借鉴工业 4.0 的理念，勇于创新，加快我国装备制造业的转型升级。潘建生等（2015）指出，我国制造业大而不强的症结在于重要零部件寿命低，大量生产没有竞争力的低附加值产品难以实现可持续发展，推动高性能化智能制造对我国制造业的健康转型具有重大意义。Klaus Schwab（2016）认为，企业实现智能化发展，将智能技术应用到企业经营和生产中，实现生产自主化，将会提高产品研发速度，缩短生产周期，提高企业利润。吴晓波（2016）认为，应将互联网技术与传统制造业相融合，采用人工智能、大数据、物联网等国内外先进技术，将生产要素结合更多有用资源，实现工业产品智能化升级。周济（2018）认为，新一代智能制造是真正意义上的制造，将从根本上引领和推进新一轮工业革命。蒋建强等（2018）认为，应该实施设备智能化改造，打造智能车间和智能工厂，加快培育系统集成商来实现智能制造工程。龚东军等（2019）论述了当前主要工业国家智能制造的发展规划，分析了智能工厂的总体技术框架，介绍了国内智能制造工厂的实践情况。

刘震等（2016）在实证检验了装备制造业技术进步的内外部效应，发现内部效应中装备制造业收入及能耗效率指标与技术水平呈双向正影响，外部效应中装备制造业引进外资质量与技术水平呈双向正影响，指出装备制造业技术水平提升的方式为加大国内投入、促进国际分工的深化。何宁（2017）通过实证检验得出，融入全球价值链对中国装备制造业技术进步存在"阻碍效应"和"促进效应"，呈现 U 形曲线关系。刘佳斌（2018）等通过实证分析验证了我国装备制造业陷入了"低端锁定"困境，提出智能制造是我国装备制造业实现全球价值链跃升的重要途径，并指出其作用机理。李焱（2019）从系统耦合理论入手，将装备制造业产业技术创新与全球价值链升级关系的研究从单向影响推向系统耦合，确定不同阶段影响耦合演化的关键性因素。王层层（2020）通过模型研究提出，要使智能化产品产值增长率持续增长，应将新技术引进和产学研合作外部投入要素、政府和市场等外部支撑投入要素维持在一定平衡状态下。李明月（2020）测算出黑龙江装备制造业不同年份的全要素生产率，并通过实证分析得出装备制造业的智能化升级能够推动产业技术进步，提高全要素生产率，提出黑龙江装备制造业智能化发展的路径和对策。

④国内外现有文献评述

国内外学者们对技术进步与装备制造业发展展开了诸多研究。技术进步分为外源性和内生性，这两方面的技术进步都能促进产业升级发展。本书选取的内生性的技术进步，使用智能化方式实现装备制造业升级，从而构建现代高端智能装备制造业体系。现有研究提出了一些装备制造业升级的路径机理与对策建议，但以下几个方面有待进一步研究：

在研究角度上，多数学者从技术创新的角度研究制造业产业升级等相关动态过程，较少有研究直接从人工智能发展水平入手。作为新时代技术创新的代表，人工智能具有以往的技术进步难以比拟的优势，其对产业结构的影响有待深入研究。同时，智能制造战略规划也充分展现了新时代对于智能装备制造业的高标准、高要求。

在理论研究上，现有学者从产业结构和价值链两个方面进行机理分析，但未形成系统化的规范分析。对于人工智能水平是否影响装备制造业升级存在争议。在人工智能如何促进装备制造业升级和发展路径等方面仍缺乏全面分析。随着人工智能技术的发展，需要对智能化装备制造业的理论基础、作用机理以及路径选择等方面做进一步研究，这对于我国实现装备制造业强国大有裨益。

在实证研究中，由于人工智能发展水平指标的选取方式不同，产生的结论具有一定差异，尚未形成一致观点。部分研究没有考虑到人工智能变量与产业升级变量之间的内生性，从而得出其影响不够显著的结论。本书认为两者之间存在双向影响关系。同时，综合工业智能发展水平对装备制造业产业升级的研究比较缺乏。此外，不同地区装备制造业产业升级受人工智能发展影响程度存在差异，已有文献较少涉及这一部分，应当进一步研究。

本书采用人工智能发展水平综合评价指标，测度工业智能化背景下装备制造业产业升级的总体态势，考虑变量之间的内生性。继而分区域进行回归，展现不同区域中智能装备制造业发展的差异，从而补充、扩展现有研究结论。

二、企业经营转型

（1）理论支撑

①产业融合理论

不同时期，不同学者对产业融合的定义都有所不同。厉无畏（2003）对产业融合下了定义：产业融合是由于资源、市场、技术等各种要素的渗透、交叉，而后又进行重组，导致原本独立的产业逐渐融合，产生新产业的动态过程。马健（2002）将产业融合定义为：由于技术融合和产业管制的放松，各产业发生了业务、组织、管理和市场方面的资源整合，由此引起的竞争合作关系导致产业界限的模糊化。李美云（2005）认为，产业融合是原本各自独立、性质各异的两个或多个产业的产业边界逐渐消失或模糊而使企业成为直接竞争者的过程。胡金星（2007）提出，产业融合是一种在开放产业系统中，不同产业构成要素间竞争演进而形成一个新兴产业的过程。

从不同的视角分析，产业融合类型的分类也不尽相同。产业融合可以分为需求融合和供给融合，这是按照市场的供给与需求分类的。产业融合也可以分为替代性融合与互补性融合，这是按照技术分类的。基于替代性融合与互补性融合，结合供给性融合与需求性融合，出现了新的产业融合分类，包括供给替代性融合、需求替代性融合、需求互补性融合以及供给互补性融合。产业融合又可以分成完全融合、部分融合、虚假融合这三种类型，这是基于融合程度和市场效果得出的分类。

产业融合摒弃了传统的产业创新理论在传统意义上的产业创新，是一种新范式的产业创新，它促进了整个社会系统的变革。由于某些产业处于产业边界位置，它与别的产业进行的信息、技术、能量以及物质的交互，导致产业融合的发生。

产业融合是一个缓慢、动态且不断变化的过程。开始阶段，两个及两个以上的产业互不相干。当产业规模不断变大以及相关技术出现更新时，部分产业组织以适应生存为目的，就会生产愈来愈多功能、用途不一样的产品，造成了有些产业的产品相似的现象，它们相互依存，但是它们的关联度不大。然后，更多的产业生产功能、用途不一样的产品时，部分产业的边界会慢慢出现模糊的情况，进而出现不同产业交叉、互融，融合型产品随之生产出来，这表明产业融合已经出现。

②产业升级理论

马克思已经意识到了科技创新对经济发展的作用，并站在唯物主义历史观的高度，指明了科技创新对于历史变革的意义。根据马克思的观点，技术的进步、新的生产工具的应用，不仅促进了生产力的提升，而且改变了人们的社会关系。马克思强调科技变革对经济的作用，认为合理的经济制度对于推动科技创新具有重要的反作用。

尽管马克思的著作中并未使用过“产业结构”这样的名词，但产业结构的思想蕴含在剩余价值理论、资本循环周转理论、社会再生产理论、平均利润理论等理论中。比如，马克思在《资本论》第 1 卷中介绍相对剩余价值生产所经历的协作、工场手工业和机器人工业三个阶段时，蕴含着深刻的产业结构升级的思想。产业结构优化的理论也存在于马克思的思想中，马克思关于产业结构的理论主要说明了产业结构升级促进了社会经济增长和财富增加，并且是推动社会分工向前发展的基础。马克思在《资本论》第 2 卷中将社会总产品分为生产资料和消费资料，社会总产品在价值形式上表现为不变资本、可变资本和剩余价值。两大部类产品的积累和生产规模的扩大存在互相依赖、互为条件的关系。只有两大部类生产按比例发展，才能顺利实现社会的扩大再生产，这是一切社会化大生产条件下社会总资本运动的共同规律。产业结构均衡是总量平衡的基础，只有各产业按比例协调发展，才能使社会总供求保持基本平衡，社会再生产才能继续。产业结构升级主要体现在两大部类上，特别是第一部类的新均衡。

马克思理论中的产业结构升级思想揭示了产业升级的重要条件是技术进步，即技术进步是资本主义产业结构升级的基础和前提。生产方式的改变以生产力的提升为前提，而技术进步是生产力提升最主要的体现。产业或部门的技术进步来源于工人长期生产带来的专业化水平的提高和生产工具（机器）的专业化和多样化。

新旧产业发展不协调也是引起产业结构升级的原因。马克思在《资本论》第 3 卷中重点分析了社会总资本中平均利润的形成过程。马克思指出，不同生产部门由于投入其中的资本有机构成不同，会产生极不相同的利润率，但资本会从利润率较低的部门抽走，投入利润率高的其他部门，通过这种不断地流入和流出，以致不同的生产部门都有相同的平均利润，因而价值也就转化为生产价格。由于不同生产部门或产业的技术水平、资本有机构成和资本周转速度不同，各部门等量资本所获得的利润率也不同，资本不断向利润率高的产业或部门流动。资本等生产要素能够追逐利润的前提条件是保证资本等生产要素能够在产业间自由流动，资本与劳动力的流动性和灵活性意味着其可以从一个部门或地点转移到另一个部门或地点，这也是形成平均利润从而实现产业结构升级的必要条件。这种市场的自由提高了资源配置的效率，也使产业结构的升级成为可能。从马克思理论中的产业结构升级思想可以看到，技术进步和资源配置效率的改善是产业结构升级的必备条件，二者缺一不可。

③产业竞争力理论

产业竞争力理论也称国家竞争优势理论，是哈佛商学院教授迈克尔·波特（Michael E.Porter）提出的。国家竞争优势理论的核心是四大关键要素：生产要素是特定产业竞争中有关生产方面的表现，如劳动力的素质或基础设施；需求条件是本国市场对该项产业所提供产品或服务的需求表现；相关产业与支持性产业是这些产业的相关产业和上游产业；企业战略、企业结构和同业竞争是企业的组织和管理形态，以及竞争对手的表现。这些因素都关乎企业的生存与发展。

第一，生产要素。波特教授认为，生产要素是产业互通有无的根本，这是任何一个产业最上游的竞争条件。生产要素对竞争力的影响在于这些要素所发挥的效率和效能。要明确生产要素对竞争优势的重要性，就必须将生产要素进行分类。第一种分类是将生产要素分为初级生产要素和高级生产要素，初级生产要素包括天然资源、气候、地理、非技术人力、资本等；高级生产要素包括现代化的基础设施、高人力资本以及教育研究机构等。相对于初级生产要素，高级生产要素对竞争优势更重要，尤其是技术、创意、金融、医疗等产业领域。第二种分类是将生产要素分为一般性生产要素和专业性生产要素，前者包括交通、资本、受过大学教育而且上进心强的员工；后者主要是技术型人才、专业的知识等。

第二，需求条件。波特教授认为，需求会刺激企业变革和创新，要充分发挥需求条件的作用，就必须具备三个特征。一是细分市场需求的结构，这是调整企业战略方向的前提；二是欢迎专业的有要求的客户，这类群体是企业追求高质量产品和服务的压力来源。如果企业与这些人群在文化特征上相近，就会促使企业敏锐地觉察需求动向，从而提供有新意的产品和服务。比如，“二战”前，日本人就以拍照记录旅游和家庭活动出名，这促使日本相机业拥有领先全球的实力；而美国人对体育、影视等娱乐方式尤为偏好，使得美国的休闲娱乐产业在全球都具有极强的竞争优势；三是预期需求，掌握本地居民需求的特征和变化，能帮助企业获取新产品的未来走向，这样的持续观察与变化，将会促进企业的产品迭代升级，长期来看，会极大地增强企业的竞争能力。比如美国人喜欢便利性的生活设施，这一需求特征符合世界各国的消费趋势，促进了美国的快餐业、家居业等产业在国际上取得巨大成功。

第三，相关产业与支持性产业。相关产业的发展同样会促进企业竞争优势的形成，因为相关产业的发展会带来产业上下游的发展创新，同样，具有竞争优势的产业也会提高相关产业的竞争水平，二者之间可以展开合作和分享信息，形成互补关系。当一个国家的服务业进入国际市场竞争时，必然会带来该国相关产品的销售。近年来，服务业的多元化趋势已逐渐展现，美、英等国的大型国际服务型企业正在相关领域中取得优势，国内酒店业的龙头万豪酒店也正在空中餐饮和其他食品与接待等相关事业中，获得全球领先地位。

第四，企业战略、企业结构和同业竞争。企业要获取竞争优势，不仅要学会利用自身的条件，了解自身的管理模式和组织形态，更要掌握企业的竞争环境。设定发展目标是企业维持竞争优势的条件之一，包括企业相关利益者群体的目标，也包括企业员工自身的目标。当一个产业在一个国家或地区经济发展的过程中占有重要地位时，必然会吸引优秀人才进入这一产业领域，并为之忠诚且努力地工作，当员工对企业有极高的忠诚度时，产业的竞争优势就会越来越强，进而与其他关键要素形成良性互动关系。

（3）变革逻辑

①管理客体逐渐颠覆

一直以来，人们对管理的理解均是以人为中心进行解读。Taylor（2014）认为，管理是确切知道要别人做什么，并指挥他们用最好、最经济的方法去工作。Robbins 和 Coulter（2018）提出，管理就是同别人一起，或者通过协调和监督别人使活动完成得更有效的过程。Kontz 和 Werick（1998）认为，管理就是使人在群体中高效率地完成既定目标的过程。诸多实践案例已经证明，人工智能作为一种虚拟劳动力，可以更有效率、更低成本地完成工作，增加企业利润（Wilson等，2018）。可以预见，随着人工智能技术发展和应用不断落地，人类员工的能力越来越显得薄弱和低效，人工智能凭借其高效性、便利性等特点将深得企业青睐。在此背景下，智能机器人将以员工的身份进入企业内部，而且其对人的替代会扩展到越来越多的领域，尤其是那些复杂的、以高技术和高智商为条件，但不需自主决策的工作岗位。

人工智能时代，人工智能员工将部分取代或者完全取代某种人类工作，虽然人工智能员工与人类员工具有本质差别，但是作为企业可以支配与控制的技术资源，仍属于管理客体的范畴。所以，机器人的管理者仍然是现实意义上的管理者，人工智能员工与人类员工特质的差异将会给企业管理理念带来冲击。管理理论的发展经过了从科学管理理论向行为科学理论转变的过程。科学管理理论与行为科学理论的主要区别在于科学管理理论将人看作机器，认为管理即是通过标准化、科学化的工作流程提高工作效率；而行为科学理论更加强调通过研究人的心理活动去掌握行为规律，并据此寻找激励员工的新方法和提高劳动效率的途径。行为科学理论更关注员工的人文精神和高层次需求，更加符合人类“社会人”属性的实际情况。但是，人工智能员工既不是“经济人”，更不是“社会人”，所以在人工智能时代，以人类心理需要和精神需求为中心的高层次激励手段即将失效，而且企业文化作为企业精神和价值观的体现，基于“以人为本”原则对员工的软约束价值在管理中的重要性也会降低。

此外，人工智能员工具有机械化和自动化的特征，很多时候可以基于科学设定自主执行工作，可以超长时间、超高效率地进行工作，甚至在高度精确的算法下，无须人工控制监督（Zotowski等，2017）。在此背景下，科学化和标准化的管理方法更加适用于对人工智能员工的管理，科学管理理论所倡导的管理原则和手段的适用性大幅提升。

最后，人工智能的应用十分复杂，人工智能员工还具有信息化和智能化的特征。在相对复杂的工作领域，管理者要想利用人工智能来提高管理效率、做出科学决策，就必须跟上人工智能发展的步伐，具备管理人工智能员工和协调人类员工与智能机器人关系的能力。在人工智能时代，多种职业不得不面临被机器人替代的风险，管理领域也不例外，这就要求管理者更具创造力、终身学习、了解人工智能系统运作的方式。

基于以上分析，得出如下推论：

【推论 1】人工智能时代，被管理者将出现越来越多的人工智能员工，以“社会人”为中心的管理理论和管理手段的适用性降低，如何管理人工智能员工以及协调人类员工与智能机器人的关系将是管理者需要面临的挑战。

②管理本质更加复杂

管理属性主要是从哲学高度概括管理理论与实践的特点，二分法阐述了管理是科学性与艺术性的统一。管理的科学性是指通过对管理活动、管理实践的规律性进行总结而形成的管理理论，具有普适性、可重复性和可检验性。管理的艺术性则是指管理理论指导管理实践，具有灵活性、技巧性和可权变性。管理属性二分法完美地将管理理论和管理实践融合在一起，然而却忽视了管理过程中的技术性要求。管理的技术性是指管理者将管理理论应用于管理实践过程中所运用的管理手段、方法和技巧。也就是说，管理理论具有“潜在价值”，而要把这种“潜在价值”转化为“现实价值”，必须通过管理过程中的技术性来实现。人工智能时代出现的人工智能员工、大数据处理技术、信息传播技术等都会对理论转化为实践的过程产生一定影响。为了适应快速变化的社会环境和日新月异的技术变革，人工智能时代的管理者只掌握科学的管理理论是远远不够的，还必须拥有能够巧妙地将管理理论应用于管理实践的技术。

回顾管理学科的发展脉络，可以发现管理的技术性并不是一个全新的概念，从 Taylor 提出管理技术性的思想到西蒙对管理自动化进行研究，管理的技术性被多次提及，但并未受到较多关注（薛有志，2000；丁荣贵等，2005）。究其原因，可能是在科技不发达时期，将管理理论运用在管理实践的过程中所体现的技术性比较低，管理过程中技术性的重要意义和价值未得到充分体现。目前，人工智能技术仍处于由低端向中高端发展的阶段，未来发展的方向是更先进、更智能和更全面的技术，最终甚至会颠覆企业传统生产经营方式和管理理论。在此背景下，管理的第三属性，即管理过程的技术性应受到关注。人工智能时代背景下，虽然人工智能员工比人类员工具有相对简单的需求结构和相对低级的需求层次，但并不代表管理者管理人工智能员工比管理人类员工难度低。管理者不仅要懂管理理论和管理艺术，还要掌握一定的智能技术，比如在制定决策的时候，完全可以借助人工智能对未来可能发生的事及其结果进行预测。不难想象，在人工智能时代，将出现一批优秀的技术管理者，但这里的技术管理者指的不是管理技术的人，而是掌握智能技术的管理者。就是说，掌握人工智能技术的工程师将成为新型管理者，而传统管理者面对人工智能员工不断进步的现实，也更应重视对管理技术性的研究，成为智能技术的管理者。

基于以上分析，得出如下推论：

【推论 2】人工智能时代，管理属性不仅包括管理理论的科学性、管理实践的艺术性，还包括管理过程的技术性。

【推论 3】人工智能时代，将出现一批优秀的技术管理者。此时，技术管理者指的不是管理技术的人，而是掌握智能技术的管理者。

③决策环境不断优化

决策贯穿管理的全过程，是管理工作的核心。古典决策理论基于“经济人”的假设，立足于决策者完全理性、信息完全知晓、备选方案及其结果明确等条件追求最优化的解决方案。但行为决策理论认为，以有限理性的决策者代替完全理性的“经济人”更加符合管理实践，决策方案的选择过程中应当遵循的并不是“最大”或“最优”的标准，而只是“满意”的标准。所以，“满意决策”逐渐替代“最优决策”成为管理决策的准则（Simon, 1987）。

人工智能时代，管理决策准则会被颠覆。随着人工智能技术逐步进入工程化、实用化阶段，管理决策思维正从“有限理性”和“满意即可”过渡到“极限理性”和“最优选择”。

首先，人工智能可以作为管理者的超级秘书，以计算机深度算法为基础，对组织内外部的数据进行整合，利用构建情景模拟等方式协助复杂问题的分析、推导和处理。通过完成复杂的逻辑思维过程，使得管理者不再受限于知识、精力和时间，并可以基于以往案例记录创造多种备选方案，辅助决策者做出更加科学合理的决策（Edwards 等，2000）。其次，人工智能的发展还可以使机器成为类似于人脑智能的计算机，来模拟人的某些思维过程和智能行为，使计算机实现更高层次的应用，具有更强的分析和决策能力，提出前瞻性的决策方案。此时，人工智能员工与人工智能技术组成的决策环境中，条件、信息和思维都是可控的，绝对理性的决策者和确定性的决策环境使得实现最优决策变为可能（Wilson 等，

2018）。

总之，满意决策是人的有限理性和信息不充分、不对称条件下的无奈之举。人工智能的发展会极大程度地改善以上约束条件，其庞大的信息处理能力和绝对理性特征可以实现对数据更为科学的分析与整合，优化管理者的决策环境，突破人为因素下的生理局限，以最优决策为原则实施管理活动。基于以上分析，得出如下推论：

【推论 4】人工智能时代，管理者的决策环境得到优化，管理活动中的决策准则将由“满意决策”过渡为“最优决策”。

④管理原则面临挑战

不管什么类型、多大规模的组织，管理活动均具有三个基本的目标：效率、效果和效益。效率目标追求的是“正确地做事”，反映单位时间内完成的工作量；效果目标追求的是“做正确的事”，反映了所从事的工作与活动和组织的发展愿景及经营使命的契合程度；效益是效率和效果的最终检验标准，反映了投入的有效产出情况。目前，人工智能技术对企业经营效率的积极作用已经在实践中得到了充分认可。伦理是处理人类价值观、行为对错与动机好坏的哲理，管理伦理指的是企业在经营中主动履行对投资者、员工、顾客、政府和社会等利益相关者的义务和责任，以实现管理与社会道德规范高度契合。随着人工智能的发展和技术进步，将从如下三方面对管理伦理产生冲击：

首先，基于管理手段智能化的管理效率不符合管理人性化的需求。2019 年 4 月，国内媒体报道了“某市环卫部门通过配发智能手环或智能手机监督环卫工人的工作状态”的新闻，引发巨大争议。虽然此举可以提升管理效率，但因为失去了管理的人性化而难以被人接受。效率管理学的核心目标是“提高效率、降低成本”，而管理伦理学的核心目标则是“行为善意”与“公平正当”，所以，管理效率与管理伦理在本质上就存在不一致性。随着人工智能在企业中的普及，企业管理效率大幅提升，如果管理者的素质或者企业内部的管理制度跟不上，一味通过管理手段智能化追求管理效率的提升，则并不符合管理伦理的要求。所以，实施管理手段的智能化，企业管理者必须了解哪些技术执行哪些类型的任务，每种技术的优势和局限性以及可能带来的管理伦理问题（Davenport 等，2018）。管理人性化、制度严格化和手段智能化三者如何共存并有机融合，是每个企业和每个管理者面临的挑战。

其次，人工智能的发展对法律体系的健全性提出了新的要求。近几年，随着人工智能产品不断问世，智能机器人无端伤人和自动驾驶汽车发生车祸等不安全事件不断发生，由此引起人们对责任属于生产者还是使用者等问题的讨论。中国、美国和欧盟等主要经济体出台了一系列鼓励支持人工智能产业发展的政策条例，但是与之不相称的是，关于人工智能产品约束性的法律体系还极不健全。人工智能产品并非法律主体，不能对其造成的损害承担个人责任，而随着技术进步和产业发展，未来人工智能产品不再是单纯的工具，所以各国政府应当从法律角度建立更为完善的责任追究机制，制定相配套的法律规范，明确界定各方的责任和义务，实行“谁违法谁担责”的责任追究和风险分担机制。

最后，人工智能技术持续发展带来了行业禁忌和伦理问题。2018 年，“基因编辑婴儿”事件在世界范围内引起轩然大波，国家卫生健康委员会、科学技术部以及中国科学技术协会迅速作出反应，依法依规进行了处理，避免后果恶化。其实，Remenvi 和 Williams 早在 1996 年就提出过人工智能发展的伦理问题，虽然目前各国已意识到人工智能发展带来的伦理问题，并着手开展一些工作，比如 2019 年 6 月我国出台了《新一代人工智能治理原则》,2019 年 2 月美国出台了《美国人工智能倡议》，但总体上仍尚未建立像“基因科学”那样规范的、健全的和及时性强的约束机制。因此，人工智能技术可能因不受伦理或哲学规范约束而泛滥发展，正如部分专家所担忧的“全面人工智能的发展可能意味着人类的终结”，政府应当联合社会团体或行业协会尽快制定完善的人工智能技术研发的行业标准和法律准则，以防止滥用人工智能对个人和社会造成的潜在灾难性后果。

基于以上分析，得出如下推论：

【推论 5】人工智能时代，管理手段的智能化发展可能会加剧管理效率和管理伦理的冲突，管理者必须提升管理道德，在经营过程中强化社会责任的履行。

【推论 6】随着人工智能技术的发展，政府、社会团体和行业协会有必要从政策、法律与行业标准等多个方面构建人工智能发展伦理的多层次约束机制。

三、企业经营效率

(1)概念内涵

效率通常是指在单位时间内或一定的资源情况下产出的高低，能够反映有限的生产资源与其为满足人们所提供的效用之间的比例关系。效率这一概念在不同领域拥有不同的内涵。经济学家 Paul A. Samuelson 认为，效率意味着尽可能地有效运用经济资源以满足人们的需要或不存在浪费，即经济在不减少一种物品生产的情况下，就不能增加另一种物品的生产时，它的运行便是有效率的，这时经济处于生产可能性边界之上①。

西方经济学主要研究之一就是资源配置，其效率理论研究的正是最优化的资源配置，也就是说通过配置有限的资源来实现效益的最大化。所以，西方经济学对效率进行了大量研究。古典政治经济学派的 Adam Smith 认为，通过市场的自由竞争、专业化分工可以推动资源的有效配置，从而提升效率②。这一学派在国际贸易效率方面，无论是 Adam Smith 基于绝对成本优势的国际贸易理论，还是 David Ricardo 的比较优势理论，都认为国家进行国际贸易可以提升整体的经济效率③。新古典经济学派是对古典经济学派的继承与发展，其中的 Theory of Equilibrium Price（马歇尔均衡理论）有效结合古典经济学派的供给分析与边际学派的需求分析，形成了供需均衡理论，认为生产资源与生活资料的优化配置将同时实现生产者均衡与消费者均衡，能够实现效率的提升或最优状态④。新古典经济学理论的缺陷在于忽略了交易成本的存在、组织的作用以及员工的积极性等因素，由此产生了新制度经济学。Coase 最早提出“交易成本”这一概念，这一概念是新制度经济学的思想核心。Coase 认为，节约市场的交易成本正是企业存在的作用，企业只是用来最大限度提高效率的一种制度安排，市场则起到配置效率

① 胡希宁，郭威，杨振．当代西方经济学流派 [M]. 中央党校出版社，2016.

② Benston, G. J., Smith Jr, C. W.. A Transaction Cost Approach to the Theory of Financial Intermediation[J]. The Journal of Finance, 1976, 31:215-231.

③ The first six chapters of the Principles of political economy and taxation of David Ricardo, 1817

④ 李翀．马克思劳动价值论与马歇尔均衡价格论的比较和思考——评近年发生的对马克思劳动价值论的批评 [J]. 马克思主义研究，2000(3):6.

的作用[①]。Oliver Eaton Williamson 认为，组织能否通过治理机制来减少交易成本，以及激励的约束机制，决定了组织效率的高低[②]。对新制度经济学而言，其主要观点是交易成本的最小化是由有效的制度安排来实现的。

通过上述梳理可以得出，从宏观角度来看，效率通常意味着经济社会中的各类资源的配置情况。因此，通常相对与企业而言，效率主要从两个方面来进行考察：一方面是在企业有限资源的条件下能够达到的产出水平情况；另一方面是在产出水平一定的条件下企业的成本情况。

（2）评价方法

①定量评价方法

定量评价强调数量计算，对评价对象做出定量结果的价值判断，强调对社会现象的数量特征、数量关系与数量变化的分析。企业效率评价的定量方法主要包括数据包络分析法、模糊综合评价法、层次分析法等。

数据包络分析法（DEA, Data Envelopment Analysis）基本思路是把其中一个决策单元（DMU, Decision Making Unit）作为一个被评价单元，由其他的 DMU 构成评价群体，确立与问题相应的数学模型，通过对模型的求解得到对相对效率的综合分析，从而确定生产可能集和生产前沿面，并根据各 DMU 与生产前沿面的距离状况，判定各 DMU 是否 DEA 有效，进而达到评价排序的结果。

模糊综合评价法是基于模糊数学的基础、应用模糊关系的合成原理，将那些边界不清楚，且不宜量化的因素定量化，而进行的综合绩效评价的一种方法。这种方法为定性问题的定量处理提供了解决方法，但不能直接用于企业经营效率评价。

层次分析法的基本思想是把一个复杂的问题分解成各个组成因素，按隶属度组成评级指标体系，按照现实情况给各因素赋予主观性判断的权重，分别两两相比，得出一种相对于另一种的重要性程度，最后通过大量的数学计算与检验得到低层次指标相对于高层次指标的重要性程度。这种方法的核心思想类似于模糊综合评价法，将人的主观判断进行了量化的表达，扩展了定性问题分析的途径。但

① Coase, R. H.. The Nature of the Firm[J]. Economica, New Series, 1937, 4(16):386-405.

② 奥利弗・E. 威廉姆森，西德尼・G. 温特，威廉姆森，等 . 企业的性质 [M]. 商务印书馆，2007.

二者均需要专家参与判断，均面临评价过程中的随机性和评价专家主观上的不确定性问题，都适用于以业绩形成过程管理为主的经营效率评价。同样，这两种方法都不能单独作为一种直接评价企业经营效率的手段。

②定性分析方法

定性分析方法旨在对研究对象的性质进行分析研究，由于经济现实中有许多状况是无法定量测定的，因此需要定性分析方法来对其进行描述与表达。常见的定性分析方法包括比较分析法和综合分析判断法。

比较分析法通过比较所选指标的实际值与目标值或预期值之间的差异来进行分析，并据此提出缩小差距的措施。综合分析判断法是首先选择一组专家作为评价者，再根据这一组评价者的学识背景与经验能力来对被评价对象进行分析，因此这种方法又称为专家分析法。对比而言，比较分析评价法更适用于过程导向的经营效率评价，而综合分析判断法更适用于结果导向的经营效率评价。

③定量与定性相结合的方法

不同的经营效率评价方法各有优势，可以根据不同的研究目的进行结合使用。事实上，研究中所收集到的信息通常是定量与定性兼有的，定性分析往往涵盖了事物的逻辑内涵，而定量分析往往会有更加准确和科学的数据支撑，因此定量分析中常在定性分析的基础上运用许多数学模型进行相关分析。在企业经营效率评价的研究中，出于全面性与适当性的考虑，学者们通常将定量评价与定性分析相结合，将财务指标与非财务指标相结合，并选择多重方法去完成企业经营效率评价。

第二节　人工智能时代的发展机遇

2020 年初，人工智能被纳入新基建的范畴，与 5G、特高压、城际高速铁路和城市轨道交通、新能源汽车充电桩、工业互联网、大数据中心一起被确立为新基建的七大领域。

一、人工智能发展系列政策

人工智能是当前全球科技领域的热门话题，其发展已经对人类生活产生了深远的影响。随着人工智能的不断发展，我们也需要关注其带来的伦理问题。在这个背景下，我国相关机构开始制定人工智能相关政策法规，以确保人工智能的发展能够更好地符合人类的利益和需求。近年来，国务院、国家发展改革委、工业和信息化部等多部门陆续印发了支持、规范人工智能行业发展的政策，内容涉及人工智能芯片发展技术路线、芯片行业建设规范、芯片行业安全运行规范等。

表 1.1　人工智能发展系列政策[①]

发布时间	发布部门	政策名称	重点内容
2015 年 7 月	国务院	《国务院关于积极推进“互联网 +”行动的指导意见》	做实产业基础，着力突破核心芯片、高端服务器、高端存储设备、数据库和中间件等产业薄弱环节的技术瓶颈，加快推进云操作系统、工业控制实时操作系统、智能终端操作系统的研发和应用。
2015 年 9 月	国务院	《促进大数据发展行动纲要》	推进基础研究和核心技术攻关，支持自然语言理解、机器学习、深度学习等人工智能技术创新，提升数据分析处理能力，软件产品和海量数据存储设备、大数据一体机等硬件产品发展，带动芯片、操作系统等信息技术核心基础产品发展，打造较为健全的大数据产品体系。
2016 年 8 月	国务院	《“十三五”国家科技创新规划》	核心电子器件、高端通用芯片及基础软件产品。突破超级计算机中央处理器（CPU）架构设计技术，提升服务器及桌面计算机 CPU、操作系统等的功能、效能和可靠性。研发 14 纳米逻辑与存储芯片成套工艺及相应系统封测技术，形成 28–14 纳米装备、材料、工艺、封测等较完整的产业链，整体创新能力进入世界先进行列。
2016 年 11 月	国务院	《“十三五”国家战略性新兴产业发展规划》	推动基础理论研究和核心技术开发，实现人类神经计算芯片、智能机器人和智能应用系统的产业化，将人工智能新技术嵌入各领域。

① 数据来源：数字化讲习所。

续表

发布时间	发布部门	政策名称	重点内容
2017年7月	国务院	《新一代人工智能发展规划》	提出前瞻布局新一代人工智能重大科技项目，在“核高基”（核心电子器件、高端通用芯片、基础软件）、集成电路装备等国家科技重大专项中支持人工智能软硬件发展。对人工智能领域进行了总体战略部署，规划确定了人工智能产业三步走的发展目标。
2017年11月	国务院	《关于深化“互联网+先进制造业”发展工业互联网的指导意见》	研发推广关键智能网联装备，围绕数控机床、工业机器人、大型动力装备等关键领域，实现智能控制、智能传感、工业级芯片与网络通信模块的集成创新，形成一系列具备联网、计算、优化功能的新型智能装备。
2020年7月	国家标准化管理委员会等五部门	《国家新一代人工智能标准体系建设指南》	明确到2023年，初步建立人工智能标准体系，重点研制数据、算法、系统、服务等重点急需标准，并率先在制造、交通、金融、安防、家居、养老、环保、教育、医疗健康、司法等重点行业和领域进行推进。
2020年8月	国务院	《新时期促进集成电路产业和软件产业高质量发展的若干政策》	提出聚焦高端芯片、集成电路装备和工艺技术、集成电路关键材料、集成电路设计工具、基础软件、工业软件、应用软件的关键核心技术研发。科学技术部、国家发展改革委、工业和信息化部等部门优先支持相关创新平台实施研发项目。
2021年3月	国务院	《中华人民共和国国民经济和社会发展第十四个五年规划和2035年远景目标纲要》	打造数字经济新优势，加强关键数字技术创新应用。加快推进高端芯片、操作系统、人工智能关键算法、传感器、通用处理器等领域研发突破和迭代应用。
2022年5月	国务院	《“十四五”国民健康规划》	推广使用人工智能芯片、大数据、第五代移动通信（5G）、区块链、物联网等新兴信息技术，实现智能医疗服务、个人健康实时监测与评估、疾病预警、慢性病筛查等。

二、技术主题热点及智能行业演进

（1）主题热点分析

①萌芽期主题热点

萌芽期主题热点，如表 1.2 所示。通过对相似主题整合后，关注到以下热点：

第一，智能制造。主题 1、主题 3、主题 7 均属于智能制造。以《中国制造 2025》为总体部署，智能制造、机器人成为国家重点发展领域，国家不断通过发布政策加速驱动人工智能与制造业相融合。

第二，智慧城市。主题 2、主题 4、主题 6 均属于智慧城市建设。数据共享体系是推进新型智慧城市建设的核心，而项目资金是智慧城市建设的基础保障。广东、江苏、湖北、辽宁等地区智慧城市规划制定较早，进而推动了智慧城市在国内的快速发展。

第三，航空新城。主题 5 为航空新城，主要有陕西省汉中航空智慧新城建设，突出了智慧城市与智能制造相结合的特色，重点以“三机一场”产业为主攻方向，积极搭建陕飞特种机、航空零组件智能制造升级技改等项目。

第四，智慧农业。主题 8 为智慧农业。主要有江西省运用 PPP 模式推进智慧农业，打造江西农产品电商新模式，建设集科研创新、产业孵化、农业博览、休闲体验等功能于一体的智慧农业综合体，助力乡村振兴，使其智慧农业建设走在全国前列。

第五，智能化服务、智能技术创新。主题 9 中包括智能化服务和智能技术创新两部分，在萌芽期，无论是智慧城市建设还是智能制造业的发展都将技术创新作为重点，将服务民生作为人工智能与应用领域融合的目标。

表 1.2　萌芽期主题热点[①]

主题	主题描述
主题 1	智能终端
主题 2	数据共享体系

① 数据来源：前瞻产业研究院。

续表

主题	主题描述
主题 3	智能机器人
主题 4	智慧城市
主题 5	航空新城
主题 6	项目资金
主题 7	智能制造
主题 8	智慧农业
主题 9	智能化服务、智能技术创新

②发展期主题热点

发展期主题热点如表 1.3 所示。通过对相似主题整合后，关注到以下热点：

第一，智慧城市。主题 1、主题 5、主题 10、主题 11 属于智慧城市，包括广东惠州潼湖生态智慧区和贵州省智能化建设。潼湖生态智慧区项目是以构建生态与智慧并重的创新之城为智慧城市建设理念，是广东惠州实施创新驱动发展战略的重要举措。贵州省智能化建设源于贵州省大数据发展起步较早，人工智能与大数据具有密切联系，贵州省持续推动云计算与大数据、人工智能、区块链技术和服务的融合发展与创新应用，打造贵阳、贵安新区等智能终端产业集聚区。

第二，智能制造。主题 2 为智能制造。智能制造业伴随着人工智能政策的发布，在 2017—2019 年经历了快速发展阶段，智能技术创新及人才培养是此阶段中政策重点主题。

第三，林草人工智能。主题 3 为林草人工智能。2019 年，国家林业和草原局《关于促进林业和草原人工智能发展的指导意见》提出，要实现林草人工智能理论、技术与应用总体达到世界领先水平计划。

第四，智能化服务、智能技术创新。主题 4、主题 6、主题 12 均属于智能化服务、智能技术创新。人工智能产业发展离不开技术创新。2018 年，教育部发布《高等学校人工智能创新行动计划》，使人工智能人才培养与技术创新紧密结合。

第五，智慧农业。主题 7 为智慧农业。继江西省开展智慧农业之后，山东、江苏、浙江等地区的部分城市也发布了智慧农业发展规划，使得智慧农业得到了持续发展。

第六，人工智能安全。主题 8 和主题 9 属于人工智能安全。随着人工智能的发展，人工智能数据安全、深度学习算法安全问题凸显，在行业内部先后出台了《人工智能深度学习算法评估规范》等文件，表明人工智能的安全问题已经引起关注。

表 1.3　发展期主题热点①

主题	主题描述
主题 1	智慧生态保护
主题 2	智能制造
主题 3	林草人工智能
主题 4	智能技术创新与人才培养
主题 5	智慧城市
主题 6	智能技术创新服务
主题 7	智慧农业
主题 8	人工智能数据安全
主题 9	智能算法评估
主题 10	贵州省智能化
主题 11	项目资金
主题 12	智能化服务、智能技术创新

③趋缓期主题热点

趋缓期主题热点如表 1.4 所示。通过对相似主题整合后，关注到以下热点：

第一，智能技术创新、智能化服务。主题 1、主题 8 均属于智能技术创新、智能化服务。该主题从萌芽期、发展期到趋缓期具有一定的持续性，说明在人工智能发展过程中，技术创新与应用服务是两个重要主题。

第二，智能网联汽车。主题 2、主题 5 均属于智能网联汽车。智能网联汽车属于智能制造的应用之一，智能网联汽车技术在国家社会经济发展中具有重要的

① 数据来源：前瞻产业研究院。

战略作用。2020 年，国家发展改革委等 11 部门联合印发《智能汽车创新发展战略》，这是智能网联汽车领域的顶层设计，凸显了国家促使全产业链齐发力，推动智能汽车发展的决心。2021 年，工业和信息化部、公安部、交通运输部发布《智能网联汽车道路测试与示范应用管理规范》，进一步规范了智能网联汽车道路测试与示范应用。智能网联汽车在确保人员安全、改善交通拥堵、降低燃料排放等方面具有重要作用，并符合国家“十四五”总体战略规划。因此，在未来几年内，各地区将围绕智能网联汽车陆续出台相应政策支持智能网联汽车产业高质量发展。

第三，智能制造。主题 6 为智能制造。智能制造经历了一个长期发展的过程，是产业变革的重要驱动力量，对于促进制造强国建设、实现高质量发展具有重要意义。随着关键核心技术的不断突破，智能制造发展将持续升温。

第四，人工智能创新试验区。主题 4 为人工智能创新试验区。在 2020 年《国家新一代人工智能创新发展试验区建设工作指引（修订版）》中提出，鼓励人工智能技术成果转化，在人工智能技术研发的基础上，围绕自身特点，利用人工智能技术提升各区域服务水平，有效地服务经济高质量发展和社会民生改善，特色与引领将成为人工智能发展的新方向。

第五，人工智能技术标准。主题 3、主题 7 均属于人工智能技术标准。在 2020 年发布的《国家新一代人工智能标准体系建设指南》中提出，到 2023 年初步建立人工智能标准体系，重点研制数据、算法、系统、服务等急需标准。在人工智能技术发展与应用的同时，标准体系与制度规范建设受到关注。

表 1.4　趋缓期主题热点①

主题	主题描述
主题 1	智能技术创新智能化服务
主题 2	智能网联汽车
主题 3	智能技术标准算法评估
主题 4	人工智能创新试验区
主题 5	智能汽车基础技术体系

① 数据来源：前瞻产业研究院。

主题	主题描述
主题 6	智能制造
主题 7	智能技术标准
主题 8	人工智能服务创新

（2）行业演进分析

智能制造和智能技术创新、智能化服务这两个主题在不同阶段具有持续演进关系，随着人工智能技术发展及服务深化，智能技术标准研制、人工智能创新发展试验区建设将成为人工智能发展过程中的新兴主题。下面对我国人工智能行业主题演进作如下分析：

①继续发展智能制造产业

萌芽期主题 7—发展期主题 2—趋缓期主题 6，这条演进路径体现了人工智能政策对智能制造领域关注的延续性。智能制造是工业转型升级的主旋律，是国家实施制造强国战略的第一个十年行动纲领，智能制造业的发展具有重要的引领作用，在各地区人工智能政策中均对智能制造的发展进行重点部署。

第一，关注智能制造重点细分领域。智能制造覆盖行业类别较广，从不同阶段政策主题内容看，将会关注智能制造重点细分领域，使应用加速落地，由制造向服务延伸。如：趋缓期出现的智能网联汽车是智能制造领域的重要应用，尤其是近年来自动驾驶兴起，目前很多地区发布了智能网联汽车政策，加速了智能网联汽车产业的快速发展。2021 年两会期间，李彦宏建议国家进一步加强政策创新，支持自动驾驶商用和智能交通普及，满足百姓美好出行需求，早日实现交通领域碳达峰的目标。可见，未来一段时间智能网联汽车规范及技术设计将是政策关注的重点内容。

第二，提升智能制造创新设计能力。智能制造离不开创新设计，而创新设计是智能制造业最大的短板。当前，我国加工制造能力已有很大提升，但仍然缺乏创新能力，尤其是产品创新设计能力，而创新设计能力的提升要依托资源、人才、机制等多方面因素，因此，在智能制造领域要出台提升创新设计能力的配套政策。

②智能技术创新催生智能化服务应用

萌芽期主题 9—发展期主题 12—趋缓期主题 1，这条演进路径体现了不同阶段人工智能政策中对智能技术创新的重点关注。

第一，智能技术创新。习近平总书记在中共中央政治局第九次集体学习时指出，要主攻关键核心技术，以问题为导向，全面增强人工智能科技创新能力，加快建立新一代人工智能关键共性技术体系。围绕人工智能核心领域打好技术基础，对智能关键共性技术进行攻关研发，尤其要破解“卡脖子”问题是智能技术创新的重点。当前人工智能领域关键共性技术有二：一是深度学习算法。在 MEET 2021 智能未来大会上，中国工程院院士谭建荣指出，人工智能应用得再好，核心算法不行创新能力就不行。当前，深度学习算法主要依赖国外框架。近年来，虽然在该领域研究进展迅速，但尚存在提升空间。优质算法可以有效提高信息识别、处理、学习过程中的准确性，为人工智能技术落地产品提供先决条件，因此，未来加强对算法技术与制度层面的创新研究是政策发展方向。二是 AI 芯片。芯片一直是人工智能底层最为关键的核心技术之一，提高运算能力、减少运算时间、降低运算功耗是未来的发展方向。关键核心技术的自主创新研发能够有效降低产品的成本，提升企业竞争力。人工智能底层硬件技术的自主创新研究也是政策发展方向。未来要从人工智能政策层面逐渐构建由企业、高校、科研院所共同组成的研发梯队，加强人工智能产业化基础设施建设，促进形成开放的智能技术创新体系。

第二，智能化服务。萌芽期，在各地区规划中提出利用人工智能技术完善民生服务体系，将发展便捷高效的智能服务和推进社会治理智能化作为主要内容。随着新技术的发展和应用创新，人工智能基础设施不断完善，推动了诸多民生服务领域的信息化、智能化转型升级，从而大幅增强了社会的整体公共服务能力。近年来，湖北省、河南省都在制定人工智能政策时提出推进城市治理精细化和民生服务便利化，运用人工智能提高公共服务和社会治理水平。虽然趋缓期政策数量逐渐减少，但服务社会、服务民生始终是人工智能的发展目标。

③推进智能技术标准研制

在《新一代人工智能发展规划》中提出，到 2025 年人工智能基础理论要实现重大突破，部分技术与应用达到世界领先水平。智能技术标准研制是人工智能产业发展的核心基础，是规范人工智能技术的重要手段。

第一，建立人工智能标准体系。支持企业、机构和行业协会牵头制定高质量的人工智能技术标准，进而建立人工智能标准体系。2020年，国家标准化管理委员会等5部门发布的《国家新一代人工智能标准体系建设指南》凸显了国家对人工智能标准体系建设的重视，明确提出重点研制数据、算法、系统、服务等急需标准，并率先在制造、交通、金融、安防、家居、养老、环保、教育、医疗健康、司法等重点行业和领域进行推进。

第二，建立人工智能技术安全体系。人工智能技术的使用势必会给社会带来安全风险，因此要对人工智能技术安全进行规制。2021年初，全国信息安全标准化技术委员会发布的《网络安全标准实践指南——人工智能伦理安全风险防范指引》中重点关注了人工智能所带来的伦理安全风险。除此之外，还应在各行业，各领域建立对人工智能数据、算法等安全风险的应对措施，重点建立识别、防范、化解安全风险的标准与规范。

④加快人工智能创新试验区建设

人工智能创新试验区建设作为趋缓期的重要主题之一，是国家推进人工智能产业发展的重大战略。2020年，科技部在《国家新一代人工智能创新发展试验区建设工作指引（修订版）》中提出，通过建设试验区形成人工智能与经济社会发展深度融合的典型模式。国家新一代人工智能创新发展试验区是依托地方开展人工智能技术示范、政策试验和社会实验，在推动人工智能创新发展方面先行先试、发挥引领带动作用的区域，它是国家培育人工智能创新发展样板区域，加快促进人工智能产业集聚的重要手段。我国人工智能经历了快速发展后，出现了各地区发展不均衡的情况，试验区建设以促进人工智能与经济社会发展深度融合为主线，以解决人工智能科技和产业化重大问题为导向，创新体制机制，深化产学研用结合，发挥高校、科研机构在技术创新中的积极作用，构建有利于人工智能发展的良好生态，全面提升人工智能创新能力和水平，重点打造示范区样板，探索智能社会建设新路径，引领带动我国人工智能产业健康发展。目前，国家积极推进创新发展试验区和创新发展实验平台建设，人工智能创新发展试验区有北京、上海、合肥、杭州等，人工智能开放创新平台有百度自动驾驶、科大讯飞智能语音、华为基础软硬件、京东智能供应链等，它们主要依托人工智能开展特色高效技术攻关与示范推广。下一阶段，国家新一代人工智能创新试验区建设、示范、推广等将成为人工智能政策重点主题之一。

三、区域层面——各省支持人工智能发展系列政策

人工智能芯片是信息产业的核心和基石，也是支撑经济社会发展和保障国家安全的战略性、基础性和先导性产业。近年来，北京、上海、广东等重要省（市）将人工智能芯片纳入当地的人工智能产业相关政策，分别从技术创新、项目建设、资金支持、标准制定等层面入手，加快推动产业链提升。

（1）华东地区

表 1.5　华东地区主要政策[①]

省市	发布时间	政策名称	重点内容
上海	2022 年 9 月	《上海市促进人工智能产业发展条例》	市、区财政部门聚焦人工智能芯片首轮流片、人工智能首台（套）重大技术装备、人工智能首版次软件应用、人工智能首版次软件产品等新技术、新产品，对符合条件的创新项目加强专项支持，探索开展贷款贴息等支持方式。
	2021 年 7 月	《上海新一代人工智能算法创新行动计划（2021—2023 年）》	到 2023 年，上海人工智能算法水平总体保持国内领先、部分领域达到国际一流，初步成为前沿成果丰硕、应用生态活跃、创新人才集聚的国际人工智能算法高地，为驱动上海人工智能高质量发展、赋能城市全面数字化转型提供有力支撑。
	2021 年 6 月	《上海市战略性新兴产业和先导产业发展“十四五”规划》	到 2025 年，总体发展水平进入国际领先行列，人工智能成为推动上海经济社会发展的重要驱动力量，基本建成具有全球影响力的人工智能创新发展高地。重点发展智能芯片，重点推动通用计算 GPU 研发与产业化，面向智能图像识别、智能驾驶等应用，研制深度学习云端定制系统级芯片（SoC）以及“芯片 + 软件平台 + 服务器”的云端智能服务器。

① 数据来源：前瞻产业研究院。

续表

省市	发布时间	政策名称	重点内容
浙江	2021年6月	《浙江省科技创新发展“十四五”规划》	重点开展智能计算、新一代通信网络、新一代智能芯片、量子信息、精准医疗、新药创制与医疗器械、前沿新材料、精密制造、低碳能源、绿色化工与环境治理、农业生物性状、海洋资源绿色开发与灾害防治、数理力学等基础研究。
江苏	2021年9月	《江苏省“十四五”科技创新规划》	重点突破新一代高端通用计算芯片、面向特定领域应用的SoC芯片等关键技术，加强高压功率集成电路、新一代功率半导体器件及模块等先进制备工艺研发，加快攻克多芯片板级扇出封装、高纯度化学试剂、高端光刻胶等先进技术，培育高端自主服务器CPU、集成电路EDA工具、刻蚀机核心部件等重大战略产品，基本实现关键领域的自主可控。

（2）华北及东北地区

表1.6 华北及东北地区主要政策[①]

省市	发布时间	政策名称	重点内容
北京	2019年5月	《关于加快中关村科学城人工智能创新引领发展的十五条措施》	支持高校、院所、新型研发机构和创新型企业的顶尖科学家及其团队等创新主体，开展跨领域、跨学科、大协同的超前研究和创新攻关，对实现重大突破的项目最高给予2亿元资金支持。支持企业围绕人工智能芯片、核心算法、操作系统等“卡脖子”领域开展攻关。海淀区联合北京智源人工智能研究院发起设立总规模20亿元的人工智能科学家创业基金，并设立10亿元的人工智能产业引导基金，加强对人工智能产业的早期投资、长期投资、分阶段连续投资和产业链组合投资。

① 数据来源：前瞻产业研究院

续表

省市	发布时间	政策名称	重点内容
北京	2021 年 3 月	《关于促进中国（北京）自由贸易试验区科技创新片区海淀组团产业发展的若干支持政策》	大力支持企业围绕人工智能芯片、核心算法等基础核心技术和关键共性技术开展攻关，大力支持智能网联汽车关键核心技术研发及产业化，支持企业加大研发投入，对企业新增研发经费给予最高 300 万元补贴。
	2021 年 8 月	《北京市“十四五”时期高精尖产业发展规划》	以加快建设国家人工智能创新应用先导区为重点，构筑全球人工智能创新策源地和产业发展高地。支持“卡脖子”攻关，全面突破智能芯片、开源框架等核心技术，构建自主可控的产业链体系；建设国家级人工智能前沿研究中心、超大规模人工智能模型训练平台；力争在数理与数据融合、类脑智能模型、新型机器学习、可解释人工智能等方向跻身国际前列。
山东	2023 年 4 月	《山东省制造业创新能力提升三年行动计划（2023—2025 年）》	大力发展人工智能技术。高水平建设济南国家新一代人工智能创新发展试验区、济南—青岛人工智能创新应用先导区，不断放大人工智能技术的“赋能”效应，重点在开放协作、创新成果落地、制度建设等方面发力，推动人工智能快成长、上规模、强实力。
黑龙江	2022 年 8 月	《黑龙江省科技振兴行动计划（2022—2026 年）》	实施“七大行动”实现优势转换，使科技创新“关键变量”成为振兴发展的“最大增量”。到 2026 年，科技整体实力和创新能力实现新跃升，成为全国创新发展策源地、创新人才集聚高地和东北亚创新交流合作基地，建成全国有影响力的科技和产业创新中心。抢抓新一轮科技革命和产业变革大潮机遇，充分激发创新潜能，突出科技的引领性、先导性和实效性，组织开展基础研究、前沿技术、关键核心技术攻坚战，以科学技术新突破引领支撑经济社会发展。通过实施全社会研发投入提升、关键核心技术攻关、科技成果产业化、科技型企业培育、创新平台建设、区域创新载体和创新生态建设“七大行动”，培育壮大振兴发展新动能。

（3）华南地区

表 1.7　华南地区主要政策[①]

省市	发布时间	政策名称	重点内容
深圳	2019年5月	《深圳市新一代人工智能发展行动计划（2019—2023年）》	到2020年，我市人工智能产业规模、技术创新能力和应用示范处于国内领先水平，部分领域关键核心技术取得突破，一批具有地域特色的开放创新平台成为行业标杆，人工智能成为助推我市产业创新发展的重要引擎，形成新的经济增长点，人工智能产业综合竞争力位居全国前列。新建10家以上创新载体，组织实施20个以上重大科技产业发展项目，引进培育3—5个国际顶级人工智能团队、5—10家技术引领型研究机构，培育10家细分领域龙头企业。人工智能核心产业规模突破100亿元，带动相关产业规模达到3000亿元。
深圳	2019年5月	《深圳市新一代人工智能发展行动计划（2019—2023年）》	到2023年，我市人工智能基础理论取得突破，部分技术与应用研究达到世界先进水平，开放创新平台成为引领人工智能发展的标杆，有力支撑粤港澳大湾区建设国际科技创新中心，成为国际一流的人工智能应用先导区。人工智能创新体系初步建立，人工智能新产业、新业态、新模式不断涌现。建成20家以上创新载体，培育20家以上技术创新能力处于国内领先水平的龙头企业，打造10个重点产业集群。人工智能核心产业规模突破300亿元，带动相关产业规模达到6000亿元。

① 数据来源：前瞻产业研究院

（4）华中地区

表 1.8　华中地区主要政策[①]

省市	发布时间	政策名称	重点内容
湖南	2021 年 12 月	《湖南省工业互联网“十四五”发展规划》	鼓励龙头企业、平台企业与芯片企业、设备企业、互联网企业、高校科研机构联合，推动工业 5G 芯片 / 模组 / 网关、工业人工智能芯片、工业视觉传感器、边缘计算专用芯片与操作系统、工业 PaaS 平台、安全防护系统等基础软硬件在重点行业中的集成测试和联合攻关，开发出性能满足主导产业需求的关键共性技术和产品。

（5）西南地区

表 1.9　西南地区主要政策[②]

省市	发布时间	政策名称	重点内容
重庆	2020 年 6 月	《重庆市建设国家新一代人工智能创新发展试验区实施方案》	到 2022 年，人工智能新型基础设施保障体系和政策支撑体系基本建成，人工智能应用示范取得显著成效，人工智能技术创新和产业发展进入全国第一方阵。基础理论和关键技术研究。在大数据智能、跨媒体分析、自然语言处理、自适应感知、群体智能、混合增强智能、类脑计算、智能控制与优化决策等重点领域取得重大标志性成果 100 项以上，获得核心发明专利及转化应用 300 项以上，技术创新能力中西部领先。产业培育。初步建成人工智能技术标准、服务体系和产业生态链，加快发展人工智能龙头企业及品牌产品，培育人工智能高新技术企业 500 家以上，人工智能核心产业规模超过 500 亿元，带动相关产业规模超过 2000 亿元。融合应用。人工智能在生产生活生态、社会治理等方面应用的广度深度极大拓展，建设特色应用场景 30 个以上，建成智能制造、智慧医疗、智慧政务、智能交通等典型示范工程 10 项以上。

① 数据来源：前瞻产业研究院。
② 数据来源：前瞻产业研究院。

省市	发布时间	政策名称	重点内容
			机制体制改革。出台数据开放共享、隐私保护、企业培育、技术示范等系列激励政策，初步构建人工智能伦理道德与政策法规体系，形成一批可复制、可推广经验。

第三节　人工智能时代的企业挑战

当前，我国装备制造业智能化存在缺乏核心竞争力、标准化普及不够、工业大数据应用价值未充分挖掘，以及智能制造相关现代服务业发展滞后等问题。

一、智能化程度呈现“正金字塔型”

随着以智能制造为核心的第四次工业革命的到来，国内一些大型的装备制造业加快由传统制造业向智能制造转型升级。有的企业运用工业互联网实现设备、生产线及产品的互联互通，并建立全球性的资源配置信息支撑平台。还有的企业以满足消费者的多样化需求为核心，从产品的设计、研发到生产和交易等环节融入智能技术，实现产品设计的模块化选择、需求动态感知、柔性化生产及管家式服务。企业整体差异较大，只有少数企业正在从3.0向4.0转型，大部分装备制造业还仍处于工业2.0、3.0并存的时代，99%的生产性企业处于2.0时代，即采用流水线大规模生产、电力驱动的方式。因此我国只有少数大型装备制造业开始步入智能化生产阶段，部分大中型企业处于自动化和信息化的3.0阶段，而大多数的装备制造业还处于采用流水线、电力驱动生产的2.0阶段，整体来讲呈现出“正金字塔型”。

二、自主创新能力较弱

创新无疑是经济持续发展的不竭动力，创新驱动发展也成为当下的主流发展路径。在推动装备制造业升级发展中，智能技术是基础，而自主创新能力是实现智能技术的关键因素。可见，自主创新是装备制造业实现智能制造的决定性因素。目前我国部分高端制造装备的自主创新能力还处于较弱的水平，90% 的工业机器人、80% 的集成电路芯片制造装备、40% 的大型石化装备、70% 的汽车制造关键设备、核电等重大工程的自动化成套控制系统及先进集约化农业装备严重依赖进口。此外，国产装备对国内市场的整体满足度不到 60%，有自主知识产权的产品工业增加值率仅为 2.6%，远低于美国的 49%、日本的 38% 和德国的 48.5%[①]。综上，我国装备制造业的创新能力还有待进一步加强。

三、人工智能软件系统及技术解决方案缺乏

我国智能制造装备生产企业的软件技术积累严重不足，虽然近年来在系统集成能力上有所增强，但是鲜有企业和科研机构进行智能制造基础软件系统的开发，国产数控机床、机器人等高端产品还在大量使用国外软件系统，且国内软件企业研发的重心主要针对消费品市场，在智能机床与基础制造装备方面缺少系统软件。除软件系统外，装备制造业升级中还面临智能制造系统技术解决方案供给少的问题。技术解决方案需要解决智能制造中执行设备层、控制层、管理层、企业层、网络层等多个层级系统中的内容，最终实现人、设备、企业、产品之间的信息集成、智能互联。不同的装备制造业在进行智能制造升级时有不同的系统解决方案需求。由于其复杂性、前沿性、技术专业性、需要资金投入较多且技术研发周期长等因素，国内鲜有企业能够为装备制造业提供智能制造系统的技术解决方案，只有少数大型企业进入智能制造系统业务领域。2016 年 1 月，我国首个面向工业 4.0 的智能工厂解决方案在沈阳正式发布。2016 年 3 月，海尔首次发布行业唯一的智能制造解决方案平台，即 COSMO 平台。装备制造业在智能制造技术供需转换中也存在一定的障碍，只有少数的大型装备制造业可以凭借其人力、资金优势，通过自身研发或者与政府、国外大型企业合作获得相应的技术支持，而大多数中小型企业由于资源限制，难以获得急需的技术进行智能制造改造。

四、人工智能产业化专用性人才稀少

人才是产业乃至经济发展不可忽略的关键推动因素，不管装备制造业的生产

① 韩向宏 . 构建体系 : 提升装备制造业创新能力 [J]. 中国科技投资 , 2008, (12): 27-28.

系统、生产模式多么智能化，依然需要相应的人对其设计、规划和控制。目前，制造工人由外来务工人员组成，大多数一线工人没有受过技能教育和培训，新型智能制造人才很少，装备制造业的智能化升级作用也得不到很好地凸显。智能系统把人从单调、程序化的工作中解放出来，体力劳动将减少，工作内容将集中在创新和增值业务上，需要拥有创新和决策能力的高素质人才。目前我国高技能制造人才缺口还比较大，尤其是新型智能制造专用性人才更为稀少。我国制造业劳动技能指数位居世界第 59 位，高级技师和技师占技能劳动者的比重仅为 1.5%，而发达国家的这一比重达到了 35%。

五、人工智能产业化前期升级成本压力较大

以智能制造推动装备制造业升级，从根本上改变了传统装备制造业的运营销售方式、生产组织方式、管理方式，前期需要购买智能制造技术、安装智能设备、构建网络化智能化制造系统、聘用智能制造人才及进行员工培训，因此前期的成本消耗非常大，对于大多数企业来说成本压力较大，而且我国制造业具有显著的地区聚集特色，大多数为工业附加值较低的传统产业，低成本经营策略较为盛行，导致企业投资智能化基础设施积极性不高。

第二章 适应人工智能背景的智能装备制造业发展

第一节 智能制造与新基建

受经济增长放缓、竞争加剧等多种因素影响，越来越多的企业加速了数字化转型。

智能化是企业实现数字化的深入阶段，是指基于机器学习、深度学习、机器视觉、知识图谱等人工智能技术，对企业内外部数据进行处理、分析，挖掘数据的业务价值，改进企业业务流程。

企业智能化主要体现在三个方面：流程自动化、分析决策智能化、商业模式创新化。流程自动化主要表现为企业内部操作流程和客户交互流程的自动化，一般只涉及数据识别，属于感知智能技术的单独应用；分析决策智能化对应的是认知智能，表现为能够在数据结构化处理的基础上，理解数据之间的关系和逻辑，进行分析和决策；商业模式创新化对应行动智能，主要表现形式为人机协同。

目前，中国制造产业升级正处于关键时期，先进制造业已然成为推进工业和信息化深度融合、提高社会生产效率的主攻方向。特别是以信息技术加速创新、技术渗透融合为突出特点的新一代产业变革，正在深刻地改变着制造业。

“计算已经成为现代科技创新的 DNA，在工业 4.0 定制化时代，先进计算力就是生产力。”中科曙光高级副总裁任京暘提出，先进计算与智能制造，融合发展成为必然。目前，曙光智能工厂大量使用先进计算技术来支持曙光先进计算设备的定制化创新与生产。

“新基建”给智能制造带来了哪些新机遇？中科曙光副总裁张迎华认为：一是智能产品和服务的研制并推向市场。比如，5G 产品、人工智能产品、高端整机产品，以满足5G基站、大数据中心、工业互联网等的计算、存储、分析、传输等要求。二是智能工厂的建设规划和落地。大量的生产需求涌现，亟待升级旧厂房和规划建设新的智能制造工厂，以满足“新基建”对产品的需求。智能工厂解决方案也需要不断地创新和完善，做到智能、安全、高效等。三是技术融合趋势。智能工厂中，大量机器人参与生产制造过程，需要人、机、物的进一步融合，形成新型信息物理空间。另外，物联网技术、5G通信技术、大数据分析技术、边缘计算技术、人工智能算法等都在智能工厂中得到广泛应用。四是产业链融合趋势。智能制造必然会发展到云制造协同模式，实现产业上云、云端制造、个性化定制等。五是新的就业机会。高端人才需求旺盛，比如机器人编程程序员、工业控制工程师、大数据分析工程师、人工智能算法工程师等。智能工厂对高端人才的需求比以往更加渴望和迫切。

第二节　智能制造推动装备制造业发展升级的作用机制

一、产业技术创新效应

2006年，Hinton深度学习神经网络的提出，使得人工智能进入感知与认知智能的新阶段，世界各国争相将人工智能列为国家优先发展的重点领域。由于需求市场巨大且政府对新技术发展持包容与鼓励的态度，因而人工智能在中国的发展尤为显著。清华大学2018年发布的人工智能发展报告显示，在与人工智能相关的论文产出、专利申请、人才投入、企业规模、风险投资等方面，中国已位居全球前列。人工智能作为一项通用技术，具有基础设施的外溢性特征，其必然渗透到产业，实现与产业的融合发展。由此，中国人工智能发展战略的基本取向是实现人工智能对国家经济的赋能，助力经济转型升级。党的十九大报告明确提出，推动互联网、大数据、人工智能和实体经济深度融合。随后，2019年政府工作报告首次提出“智能+”这一重要概念。

人工智能在产业领域的融合趋势越发普遍，无论是在传统产业还是在新兴产业，人工智能技术或产品均得到了不同程度的应用。家居领域，人工智能与传统家电的融合使得各式智能家电终端产品层出不穷；公共安全领域，已出现武装打击机器人、人工智能警务风险评估软件、地震信息播报机器人等产品；生物医药领域，人工智能开始应用于医疗诊断、医疗器械、药物研发等方面；客户服务领域，客服机器人的上线为企业客户提供全天候服务，不断提升服务质量。由此可见，无论是在公共政策方面还是在产业实践方面，人工智能产业融合均是一个重要的研究议题。

人工智能与产业的融合将对产业组织产生重要的影响，既可能带来产业生产率的提升，也可能对劳动力市场造成负面冲击。特别是人工智能将对产业技术创新产生更为重要的影响，其可以再造创新过程和重塑研发组织性质。本小节将从技术创新的角度检验人工智能产业融合对产业经济的影响。

（1）人工智能与产业融合发展的技术创新效应分析

人工智能是信息技术的延伸与深化，是互联网、云计算、大数据等技术的集大成者，同时又具有与其他信息技术不同的本质技术特征（如深度学习），因此人工智能与产业融合发展对技术创新的影响，既有自身技术特征所带来的独特影响，又有其他信息技术特征所带来的普遍影响。

首先，人工智能与产业融合可以重塑技术创新过程和研发组织的性质，从而对技术创新带来重要影响。Cockburn 等（2018）指出，作为一项通用技术，人工智能必须与产业应用部门融合和协调，才能刺激产业的技术创新投资。大多数技术创新活动实际上是劳动密集型的搜索问题，而且每次搜索的边际成本都很高。例如，随着药物研发中的新技术日趋成熟，新药研发的资金投入不断加大，但最终上市销售的新药数量并未显著提升。人工智能中深度学习技术的发展与应用可大幅降低每次研发的边际搜索成本，用人工智能的固定资产投资代替创新活动中的研发人员。基于大数据的不断“喂养”和人工智能的不断学习，企业可以以较低的成本不断地进行技术创新试错和改进，最终获得创新成功。以 Atomwise 为例，其通过使用人工智能中的神经网络预测候选分子的生物活性来识别潜在的候选药物，以加速药物研发。此外，用资本替代专业劳动力有可能会降低某些科学或研究领域的“进入壁垒”，尤其是那些需要必要数据和算法的领域，进而激发创新活力。

其次，人工智能与产业融合将通过增加高技能劳动力来发挥技术创新效应。大量的研究已经表明，信息技术的进步导致了劳动力极化现象的产生。作为新一代信息技术，人工智能所产生的劳动力极化现象更为显著。Benzell 等（2015）在一个跨期迭代模型中讨论了机器人产业应用的劳动力替代问题。研究指出，在一定条件下，机器人可以完全替代低技能工作，部分替代高技能工作。孙早和侯玉琳（2019）的研究表明，工业智能化使得高低技能劳动力的就业需求均出现了增长，但高技能劳动力就业需求的增长幅度大于低技能劳动力。总体来看，随着人工智能与产业融合程度的不断加深，劳动力市场将以高技能劳动力为主。高技能劳动力的就业增长将通过促进技能积累、代际传递、技术吸收扩散、市场规模效应等中间机制推动技术创新。

最后，人工智能与产业的融合发展将推动企业的员工培训，实现人力资本水平的提高，促进产业技术创新。一方面，企业为了应对人工智能的融合所带来的技术与组织变革，会加大员工的培训力度，提高员工的人工智能应用能力。如 2019 年亚马逊宣布投入 7 亿美元对员工进行人工智能相关技能培训；作为一家汽车零部件供应商，现代摩比斯引进了人工智能专业教育计划，帮助员工更好地融入人工智能时代。另一方面，人工智能技术或产品可应用于员工培训的分析、设计、开发、实施、评估等阶段，实现员工的个性化培训，真正实现员工培养与开发的培训目标。在人工智能与产业融合的背景下，员工培训量与质的提升将带来人力资本的积累，实现产业技术创新能力的提升。基于上述分析，可以得到假设 1：

【假设 1】人工智能与产业的融合发展能够促进产业技术创新能力的提升。

（2）人工智能与产业的融合机制对技术创新的影响分析

人工智能与产业融合存在不同的融合机制，主要表现为不同类型人工智能技术与产业的融合以及人工智能与不同产业的融合。不同的融合机制有可能会对产业技术创新产生异质性影响，因此，下文将进一步分析人工智能与产业的融合机制对产业技术创新的影响。

人工智能包括复杂的技术体系。根据国家知识产权局规划发展司的分类，人工智能技术大致可分为基础算法技术、基础硬件技术与垂直应用技术。虽然从整体上看，人工智能是一项通用技术，但从人工智能的内部技术来看，存在显著的技术异质性，有些技术满足通用技术的定义与特征，有些技术则不属于通用技术。因此，不同人工智能技术与产业融合可能会对产业技术创新产生不同的影响。机器（深度）学习、自然语言处理、语音识别、大数据等基础算法技术更接近通用技术，能够实现与不同领域不同产业的广泛融合，进而实现更广泛的技术创新效应。例如，机器（深度）学习技术已应用于生物特征识别、搜索引擎、医学诊断机器人运用、证券市场分析、战略游戏等广泛的产业领域。人工智能中的垂直应用技术主要为产业的特定领域服务。郭凯明（2019）指出，有些人工智能专利技术主要应用到特定行业，这类人工智能技术由于较为狭窄的产业应用范围，对产业技术创新的促进作用没有基础算法技术、基础硬件技术显著。因此，从异质性技术融合机制来看，可以得到假设 2:

【假设 2】人工智能通过技术通用性影响其与产业的融合发展程度，技术通用性越强，人工智能与产业融合的技术创新效应就越强。

在不同的产业，人工智能与产业融合的程度和方式并不相同。人工智能与资本技术密集型产业的融合程度要高于劳动密集型产业。郭凯明（2019）、Cheng（2019）等的研究也支持了这一结论。更为重要的是，资本技术密集型产业对机器学习、大数据、AI 芯片等人工智能技术的需求更大，而劳动密集型产业主要对产业机器人等应用型人工智能产品有需求。随着人工智能基础算法技术、基础硬件技术与高技术产业的融合程度不断加深，人工智能与产业融合将带来高技术产业创新过程的深刻变革，并激发更大的高技能劳动力和员工培训需求，进而更大程度上推动产业技术创新能力的提升。由于劳动密集型产业等低技术产业与人工智能的融合程度低于高技术产业，且融合需求主要以应用型人工智能产品为主，低技术产业与人工智能融合的技术创新效应低于高技术产业。因此，从异质性产业融合机制来看，可以得到假设 3:

【假设 3】人工智能与不同类型产业的融合程度和方式存在异质性，随着产业技术水平的提高，人工智能与产业融合的技术创新效应更为显著。

二、产业融合效应

产业融合是在经济全球化、高新技术迅速发展的大背景下，产业提高生产率和竞争力的一种发展模式和产业组织形式。产业融合通过不同产业或同一产业内的不同行业之间相互交叉、相互渗透、相互融合，逐步形成新型产业属性或新型产业形态，进而推进产业的变革与社会生产的发展。

（1）创新性优化效应

产业融合促进了传统产业创新，进而推进产业结构优化与产业发展。由于产业融合容易发生在高技术产业与其他产业之间，产业融合过程中产生的新技术、新产品、新服务在客观上提高了消费者的需求层次，取代了某些传统技术、产品或服务，造成这些产业市场需求逐渐萎缩，在整个产业结构中的地位和作用不断下降。同时，产业融合催生出的新技术融合更多的传统产业部门，改变着传统产业的生产与服务方式，促使其产品与服务结构的升级。产品与服务的不断更新换代转而又带动需求结构升级，从而拉动产业结构升级。由于产业融合使得产业之间的边界模糊化，两个或多个产业之间形成了共同的技术和市场基础，使得某些产业容易改变结构的布局，敏捷地从一个产业过渡到另一个产业，实现产业创新和发展。由于电子信息生物工程、新能源、新材料等高科技产业与其他产业之间的广泛关联，以及这些产业具有较高的产业成长性，产业融合造成的边界模糊和消失可以使其他产业转换到高新技术产业中，经过产业融合和产业创新的连锁反应，使得一国的产业结构得以转换和升级。信息产业与传统产业的融合化发展使一些传统产业部门由资本与劳动密集型向信息、知识和技术密集型产业转变。信息技术、网络技术、数字技术等相继融入传统产业部门，深刻地改变了传统产业的产业属性。传统农业部门与工业技术、信息技术的融合，极大地提高了农业部门的生产力水平，促进了农业工业化与农业信息化发展，同时也为网络经济的发展奠定了坚实的基础。

（2）竞争性结构效度

产业融合促使市场结构在企业竞争合作关系的变动中不断趋于合理化。现行的市场结构理论认为，有限的市场容量和各企业追求规模经济的动向结合在一起，就会造成生产的集中和企业数目的减少。在产业融合之前，属于同一产业的企业群在产业内部、企业之间处于竞争关系。在产业融合过程中，来自其他产业的企业也会加入进来，竞争会进一步激化。在产业融合以后，市场结构会发生更复杂的变化。产业融合能够通过建立与实现产业和企业组织之间新的联系而改变竞争范围，促进更大范围的竞争。从产业的严密定义看，产业之外就不能称为竞争关系。但是在产业融合过程中，原先有固定化业务边界与市场边界的产业部门相互交叉与渗透，使产业之间由原先的非竞争关系转变为竞争关系，在此过程中，还有大量来自其他产业的新参与者，使竞争程度进一步加剧。在竞争激化的过程中，必然有企业倒闭和企业吸收合并等悲剧发生。在产业融合中，由于网络外部性等原因，也可能会出现某种形式的垄断，但与传统垄断相比，发生了一些变化，其中一个较明显的例子，就是信息基础设施的融合。尽管 TCP/IP 协议与电话网中声音通信的线路交换技术截然不同，但 Internet 和电话通信的基础设施却同样使用物理电线和电缆，随着声音和电视信号数字化，同一网络设施可同时处理 Internet、电话和电视数据。从这个角度讲，一方面，随着电信基础设施的融合，竞争趋于激烈，语音、视频和 Internet 服务的价格可能更低。另一方面，产业融合也有利于企业扩大规模、扩展业务范围，大大促进了新产品、新服务的开发等。

产业融合新参与者的进入和新市场的开拓，增强了竞争性，促进了新市场结构的塑造，有利于资源的合理配置、就业增加和人力资本发展等。在产业融合中发生的一系列企业合并、并购等活动塑造了新的市场结构，反映了价值链的一个实质性变化，从简单的信息传输变成内容的生产和包装，或提供在线服务和交易。自由化和竞争使得信息服务的传输和发送已成为日常活动，并且将其转化为低边际成本、高容量的商业活动，从而改变了当前的市场结构。

（3）组织性结构效度

产业融合不仅导致了企业组织之间产权结构的重大调整，而且引发了企业组织内部结构的创新。产业融合对市场行为的影响集中体现在企业的组织调整策略层面上，企业并购开始从纵向并购向横向并购或混合并购演变，而技术融合的加快是企业从简单并购向复杂并购转变的主要动因之一。在交易成本的共同作用下，企业组织结构开始由纵向一体化逐渐向横向一体化、混合一体化、虚拟一体化转变。从西方经济学角度来讲，企业的纵向一体化是组织通过权衡，认为公司内部交易成本大于外部市场交易成本的结果；而横向一体化注重与外部组织的合作与共存，与外界的交易是非纯粹的市场交易。在产业融合的情况下，要求企业有能力以最短的时间进入一个相关或非相关的业务市场，进行跨行业经营，企业为了快速响应，往往通过企业间的横向联合，去把握稍纵即逝的市场时机。技术融合使得企业不同的业务可以在同一运作平台上开展，它们可以互补，通过协作发挥出更大的效应。此时的横向一体化是企业自身资源多元利用和充分利用外部资源以便快速响应市场需求的经营模式。在这种模式下，企业通过抓住最核心的东西，进行更大范围的业务整合，从而有利于企业整体利益的实现和竞争优势的形成。在产业融合下，横向一体化成为企业外部组织结构重组的主要形式。

工业经济时代的企业内部组织结构是一种等级分明、层次繁多复杂的金字塔型结构，无法适应灵活多变的现代信息经济社会。现代社会经济形态已步入虚拟经济与实体经济互动的二元结构形态，虚拟企业将成为未来企业经营的主流模式之一。虚拟企业是在产业融合发展中催生的一种新型的企业合作形态，它在很大程度上能够成为产业融合拓展的重要微观组织基础。虚拟企业是运用互联网技术，联合多个企业的知识和能力，实现资源动态整合，共同提供某项产品和服务，是一种网络式的价值创造共同体。虚拟企业打破了传统企业金字塔式的纵向管理模式，实行扁平化的横向管理，通过信息网络平台，加快了企业资源整合速度，并在此基础上提升了企业快速响应市场的能力，新技术和新产品被不断地推出，从而满足消费者个性化和综合性需求，达到速度经济效应。

（4）竞争性能力效应

产业融合有助于产业竞争力的提升。产业之间的竞争其实也就是产业价值链各个环节的竞争。产业融合使原本分立的产业价值链部分或全部实现了融合，新的价值链环节融合了两个或多个产业的价值，与原产业相比，融合型产业不仅具有更高的附加值与更大的利润空间，而且为消费者创造了更多、更方便、价值更高的产品或服务，代表了需求发展的必然趋势，产业的竞争力自然会随着需求趋势向消费主流的转变而逐渐提高。产业竞争力的提升使相关企业群获得了更多的市场份额、稀缺资源、雄厚的资本积累以及较大的发展空间，为产业的技术研发活动提供了有利的物质和市场条件。产业技术研发能力的不断提高转而又积极地推动了技术融合的发展，从而为产业融合提供了内在驱动力。因此，产业融合与产业竞争力的提升具有内在的动态一致性。技术融合提供了产业融合的可能性，企业把融合过程推进到各个运作层面，从而把产业融合的可能性转化为现实。

（5）消费性能力效应

产业融合有助于消费的提升。产业融合带来的经济效应对提升消费的作用主要体现在：①产业融合催生了许多新产品和新服务，满足了人们收入和生活水平提高后对更高层次消费品的需求。“供给创造自身需求”定律告诉我们，产品的最终需求会随着产业融合而不断得到提升；②产业融合促进了更多参与者进入和开拓市场，增强了市场的竞争性，有利于新市场结构的塑造。同时，产业链的延伸和产业间的整合节约了规模化生产成本、企业组织治理成本和交易成本，最终通过收入的增长和价格的下降促进消费。

（6）区域效应

产业融合有助于推动区域经济一体化。区域经济一体化是指在不同的空间，经济主体之间为了生产、消费、贸易等利益的获取，实现市场一体化的过程，包括从产品市场、生产要素市场（劳动力、资本、技术信息）到经济政策的一体化。区域经济一体化是状态与过程、手段与目的的统一。产业融合打破了传统产业的技术边界、业务边界、市场边界、运作边界，同时也会打破区域边界，在促进区域经济一体化过程中起到重要作用。产业融合将促进区域产业结构多样化、复杂化；提高区域之间的贸易效应和竞争效应，加速区域之间资源的流动与重组；打破传统企业之间和行业之间的界限，特别是地区之间的界限，利用信息技术平台实现业务重组，发展新的业务，加速区域之间资源的流动和重组，产生贸易效应和竞争效应；促进企业网络的发展，提高区域之间的联系水平，有助于打破区域之间的壁垒，增强区域之间的联系；扩大了区域中心的极化和扩散效应，有助于改善区域的空间二元结构；促进区域经济一体化的制度建设。

三、产业协同效应

哈肯的协同理论认为，由多个子系统构成的任何一个总系统，其整体行为取决于该系统内子系统之间的相互作用。所谓的产业协同是指在开放条件下，作为一个地区经济运行的子系统，各产业内部，或产业与产业之间，或产业集群内部和集群之间相互协调合作，通过实现“1+1>2”的协同效应形成宏观有序结构的过程。其大概涵盖四个层面的协同，分别是产业内跨企业间协同、跨产业间协同、产业主体间协同以及产业的地理空间区域协同。

智能制造能够从三方面促进装备制造业形成产业协同效应：一是促进装备制造业内各主体间的协同。智能制造是一个复杂化的系统，使得单个经济主体不可能独立完成产业化运作的整个过程，需要产业链上各个不同的主体进行协作，发挥各自的专长，在协作体系下使得各方获得利益。例如，智能制造技术的研发机构、系统软件服务企业、生产企业及政府等各个主体间建立协作模式，走协同发展道路。二是促进基于工业互联网平台的网络协同。传统装备制造业之间存在着一定的信息不对称，而智能制造使得装备制造业产业链上的不同企业通过工业互联网平台共享信息，可根据市场需求变化，进行生产、制造、物流配送等，实现网络协同制造。三是促进高信息技术产业与装备制造业间的协同发展。高信息技术产业与传统装备制造业相融合而产生的智能制造是未来制造业的高级化形态，具有很强的竞争优势。因而，高信息技术产业和传统装备制造业将协同发展、相互促进，共同向这一业态转变，最终实现互惠共赢。由此产生的产业内各主体间的协同和产业间的协同效应，将会促使装备制造业各产业链环节的企业之间及高技术企业与装备制造业企业间不断深化合作、互相促进，向各自的高级化方向发展。网络协同将会降低装备制造业各企业之间的信息不对称，提高装备制造业对市场的应变能力和适应能力，进而推动装备制造业升级。

四、产业经济增长效应

产业的良性发展是一国经济持续增长的基础支撑，只有产业拥有持续发展的动力，才能够保证一国经济的稳定增长。智能制造主要从三方面带来产业经济的增长效应，同时推动装备制造业的升级发展。首先，智能制造能够推动装备制造业自身的技术升级，加速其发展。智能制造拥有最前沿的制造技术发明和最新的制造技术创新成果，其在装备制造业中逐步扩散、渗透和融合，从而提升传统装备制造业的技术水平，延长产业生命周期，引入全新的生产制造方式，拓展新的发展空间。装备制造业技术的升级，能够提高生产效率，降低生产成本，提高装备产品的质量以及企业的盈利能力，从而推动装备制造业的升级。其次，智能制造业作为高信息技术产业，具有很高的产业感应度和带动度，能够带动一批关联产业的发展。在产业内部将会带动新材料、大数据服务、智能系统服务、全新构建的智能化制造业等一批新的产业的发展，在产业外部将会带动仪表仪器、航空航天、数控机床、轨道交通等产业的发展。智能制造的技术、知识、创新等要素融入这些关联产业后，又能够促进产业的技术结构、劳动力结构、产值结构向高级化方向演进。最后，智能制造能够推动装备制造业创造出更多的需求。柔性化的制造系统能够挖掘出消费者更多的潜在需求动力，并为客户提供多样化、个性化的装备制造业产品，促进消费的增长。智能制造在满足市场多样化需求的同时，能够大大节约资源，根据需求调整资源的配置比例，进而达到优化资源配置的效果。

第三节　智能装备制造业的内涵与特征

一、智能装备制造业的相关内涵

（1）装备制造业

装备制造业主要是指资本品制造业，是为满足国民经济各部门发展需要而制造各种技术装备的产业总称，一般包括机械工业、材料、电子和零配件等相关行业组成的产业群体。按照国民经济行业分类，装备制造业包括机械工业（含航空、航天、船舶和兵器等制造行业）和电子工业中生产投资类产品的企业。涵盖通用设备制造业、专用设备制造业、航空航天器制造业、铁路运输设备制造业、交通器材及其他交通运输设备制造业、电气机械及器材制造业、通信设备及其他电子设备制造业、仪器仪表及文化办公用品制造业等。

从产品在产业链中关联程度的角度，Hughes（1993）将一般产品划分成四类：装配产品、组件产品、系统产品和集合产品。装配产品一般是指大规模生产的、能够提供独立功能和效用的产品（如家用电器、个人电脑等），这类产品可以独立运行并提供效用，在没有网络连接的情况下不会作为更大系统的一个组成单元。相对而言，组件产品一般是作为更大系统的一个组成部分而发挥作用（如程控电话交换机、汽车电子系统等）。系统产品有三个特征：组件、网络结构和控制机制。不同的系统被有机地组织起来，从而实现系统的稳定运作并达到最终共同的目标（如一个武器系统、一架飞机，或者一套企业管理信息系统等）。集合产品是指一些具有不同特性并且相互关联的系统所构成的集合，每个系统可以执行独立任务并发挥独立功效，而全部系统组合起来实现一个共同的目标（如一个飞机场由飞机、终端设备、飞机跑道、空中交通控制系统、行李托运系统组合而成）。

Hughes 的分类，从产品的复杂性和关联性来看，体现出了产业链逐层推进的特征。从产品形态看，装备制造业包括 Hughes 分类中的装配产品、组件产品、系统产品和集合产品。同时，装备制造产业链上下游结合紧密，最终发挥整体作用的是整机产品，即系统产品或者集合产品。

对于产品的分类，陈劲等（2004）从技术的宽度和深度两个维度进行区分，将产品划分成四类，依次是简单产品、组合产品、高新技术产品和复杂产品系统。复杂产品系统（CoPS）最早由英国萨塞克斯大学SPRU中心研究人员Hobday（1998）发表于*Research Policy*的《产品复杂性、创新和产业组织》中提出：所谓CoPS，就是指高成本、高技术密集度、高客户定制、小批量生产的产品、系统和基础设施。复杂产品系统通常由多个子系统组成，各部分经系统集成而构成一个完整的整体。

对比陈劲与 Hughes 的产品分类方式，陈劲所提出的简单产品与 Hughes 的装配产品相对应；组合产品、高新技术产品与 Hughes 的组件产品相对应；复杂产品系统包括了 Hughes 所提出的系统产品和集合产品。复杂产品系统通过一定的设计规则，由复杂多样的子系统和元件组合而成，其技术构成、产品架构、制造与开发过程复杂。而且，复杂产品系统的技术深度和宽度间的交叉组合不是简单的相加关系。一方面，对复杂产品系统技术深度的更高要求超越了原有单一部件所内嵌的技术深度，从而产生新的技术深度要求；另一方面，组件之间的交叉匹配在技术上将突破原有部件所各自内嵌的技术限制，产生出新的技术领域，复杂产品系统的技术宽度被扩大。因此，复杂产品系统开发的困难程度较一般产品显著提高。Miller 和 Hobday（1995）通过调查英国各种产品数据资料，认为 CoPS 至少占 GDP 的 11%，提供了 140 万至 430 万个工作岗位。Kash 和 Rycroft 调查指出，在 1970 年，每 30 件最有价值的世界出口货物中有 43% 包含了复杂技术，而这一比例到 1996 年达到 84%。由此可以看到，在工业和经济发展过程中，复杂产品系统的作用变得愈发重要，也是装备制造业关键核心技术的载体。

邹十践按照产品功能及重要性程度，提出装备制造业产品包括机械和电子基础件、基础机械、成套技术装备等。机械和电子基础件包括液压、气动、轴承、密封、模具、刀具、低压电器、微电子和电力电子器件、仪器仪表及自动化控制系统等，属于装配产品或者组件产品，往往作为更大系统的一个组成部分而发挥作用。基础机械，即制造装备的装备——工作“母机”，主要包括数控机床、柔性制造单元、柔性制造系统、计算机集成制造系统、工业机器人、大规模集成电路及电子制造设备等，基础机械属于系统产品，不同的部件被有机地组织起来，从而实现系统的稳定运作并达到最终的共同目标。成套技术装备包括农业、能源、交通、原材料、医疗卫生、环保等国民经济各部门以及科学技术、军工所需要的成套装备，如超高压交直流输变电成套设备、煤化工成套设备、黑色和有色金属冶炼轧制成套设备等。成套技术装备属于集合产品，各类关键装备被组合起来从而实现用户完整的生产流程。

综上所述，本书研究的装备制造业是为国民经济各部门提供简单再生产和扩大再生产所使用的工具的生产制造企业。本书将借鉴 Hughes 的分类方法，重点从装配产品、组件产品、系统产品和集合产品的分类角度，精选各类企业中具有代表性的技术创新案例来对我国装备制造业技术创新模式进行分析。

（2）智能装备制造业

以《中国制造 2025》为制造业发展总纲，工业和信息化部颁布了多项推动智能制造发展的政策措施。比如，2016 年颁布《智能制造发展规划（2016—2020 年）》《国家智能制造标准体系建设指南》等，在全国范围内开展智能制造试点示范专项工程行动，各个省市也大力推进智能制造工作。据统计，浙江、江苏、广东、福建等制造业大省对于智能制造的投资达到 10400 亿元，浙江省 60% 以上的制造业企业有引入机器人的想法，福建省已经在全省范围内开展了智能制造工作。智能制造的快速发展离不开制造业企业的实际需求，也离不开国家对于智能制造的有效引导与大力支持。虽然智能制造已经在全国范围内推动，并且在浙江、江苏等制造大省发展得比较迅速，但是大多数企业对于智能制造没有形成一个统一的理解，对于企业本身的定位以及发展路径并不明确。一方面，制造业企业实施智能制造的想法非常迫切；另一方面，智能制造是一个非常复杂的系统工程，具体实施方案并不明确。这样的矛盾影响了智能制造的有效性。

全球范围内的产业革命以及新一代信息技术的快速发展促进了我国制造业的发展。智能制造已经在全球范围内影响了制造业的产业发展和分工格局，智能制造的发展推动了制造业新的产业形态、新的生产方式以及新的商业模式的形成。我国对于智能制造的研究开始于 1980 年左右，随着制造业与新一代信息技术的深度融合，目前我国智能制造的发展在重点项目方面已经取得了明显的效果，智能制造产业也形成了一定的规模。我国智能制造发展的现状主要体现在以下几个方面：

第一，国家对于智能制造发展的支持力度不断增大。

近年来，工业和信息化部以及各地方政府相关机构为应对新一轮产业革命，颁布并实施了一系列推动智能制造技术以及智能制造产业发展的政策措施。2010年颁布实施《关于加快培育和发展战略性新兴产业的决定》指出，应加快培育并发展高端装备制造业、新能源汽车、新材料等七大战略性新兴产业，同时提出智能制造是高端装备制造业的重点发展对象；2011年颁布“十二五”规划指出，鼓励企业进行技术改造，提高装备制造业的智能化水平并淘汰落后的产品设备以及工艺；2012年工业和信息化部制定并颁布《高端装备制造业“十二五”规划》，提出将智能制造装备产业作为优先发展的产业之一，围绕工业机器人、智能化控制系统等关键技术设备实现开发和产业化；2013年12月工业和信息化部颁布《关于推进工业机器人产业发展的指导意见》，指导机器人产业的快速发展；2015年5月颁布《中国制造2025》，将制造业的发展提高到国家战略层面，旨在应对全球制造业竞争格局的变化，指导我国制造业的发展方向；2016年工业和信息化部颁布《智能制造发展规划（2016—2020年）》，对我国智能制造的发展任务、发展目标等进行了详细的规划，同年颁布《智能制造试点示范2016专项行动实施方案》《机器人产业发展规划（2016—2020年）》。随着这一系列政策措施的颁布与实施，已经明确了我国智能制造发展的方向以及目标，也已经形成了一个清晰的政策框架。

第二，取得了一批智能制造技术以及基础研究成果。

我国已经在智能制造发展的热潮中取得了一大批智能制造技术以及基础研究成果。智能制造技术包括感知技术、控制技术、机器人技术、数控技术、工业通信网络技术、数字化制造技术、智能信息处理技术以及复杂制造系统技术等。在取得智能制造技术发展的同时，也攻克了高端加工中心、自动化控制系统等一批核心高端装备。在基础研究方面，建立了国家级技术中心、国家重点实验室以及国家工程技术研究中心等技术研究基地，同时，通过建立研发中心培养了一大批从事智能制造技术研发的高级技术人才。

第三，国内制造业发达地区率先实施智能制造。

东部地区的制造业发展始终处于国内领先地位，新常态经济发展形势之下，东部地区制造业发展要素结构已经发生了变化，进入技术创新驱动发展的阶段，与智能制造发展相统一，因此东部地区率先制定了发展智能制造产业的计划。颁布了智能制造发展政策。比如，浙江省于2012年开始实施5000亿“机器换人”项目。2017年浙江省规模以上智能装备产业总产值达到3000亿元，达到了年15%的增长率。江苏省2016年工业机器人年产量达到6000台，自主研制的重大智能装备及智能生产线达到60个以上，全省规模以上企业关键工序数控化率达到50%以上，创建了150个示范智能车间。东部发达地区实施智能制造有利于全国范围内智能制造产业的发展。

第四，国内领先制造业企业实现了智能制造布局。

工业和信息化部在全国范围内推出了207家（截至2017年）智能制造试点示范企业，通过智能制造试点示范企业的探索，实现智能制造模式的创新，并在全国范围内进行推广。比如，海尔集团于2012年着手建立数字化工厂，目前已经建成“众创汇”用户交互定制平台及“海达源”模块商资源平台等两大支撑平台，形成了全国范围内的四大互联工厂，通过大规模定制模式创新实现智能制造的升级。海尔集团对于智能制造理念的应用颠覆了传统家电产业的生产方式以及商业模式。奇瑞集团成立机器人公司，并形成了一定规模的工业机器人产业化基地，将自主研发的200台机器人投入汽车生产，实现了智能制造与制造业的有效融合。在领先企业中实现智能制造，有利于探索不同行业的智能制造发展模式，中小企业可以凭借领先企业的经验降低自身实施智能制造战略的风险。

第五，我国智能制造的发展仍处于初级阶段。

我国大约于1980年开始进行智能制造相关技术研究及基础研究，虽然取得了一些研究成果，智能制造产业发展初具规模，但是不可否认的是，我国智能制造的发展仍然处于初级阶段，智能制造的核心关键技术及高端制造系统并没有国产化。2016年统计数据显示，我国在智能制造的发展中，仅仅只有17%的企业实现了智能制造的应用，60%的企业智能制造利润提升率低于10%，53%的企业智能制造销售收入提升率低于10%。在软件方面，经过长期的软件产业扶持发展，工业软件产值和质量明显提升，但是产品全生命周期管理软件、生产流程模拟软件及工业辅助设计等工业核心软件仍然需要依靠进口。同时，由于我国基础软件标准体系不统一等，导致国产工业软件的高端化和可扩性都比较差。硬件方面，高端智能装备以及新型传感器等核心关键零部件等依靠进口，据统计数据表明，我国传感器芯片进口比例大约为 90%，高端传感器的进口比例大约为 80%。因此，我国智能制造的发展还处于初级阶段。[①]

（3）智能装备制造业技术

由于我国装备制造业面临着许多关键技术和基础技术的瓶颈，企业技术能力与占据主导地位的跨国公司存在显著差距并难以缩小。跨国公司掌握着行业的核心技术，并占据高端市场，拥有充足的创新条件和市场资源；而国内企业只能处于微笑曲线的低端，充当产品加工或者组装者的角色，难以进入装备产业价值链中的核心部件研发、系统设计和营销的高端位置。

对于处在技术追赶过程中的国内装备企业而言，可以不断进行自主研发，提升技术能力，而某些关键技术的获取需要凭借国内大市场优势，通过并购许可及研发合作等多种契约形式与外部技术能力进行结盟，集成外部的技术来源和领域知识，并根据自己的优势选择不同的产业链环节进行集成创新，生产出满足用户个性化需求的产品。

合理的技术来源方式可以将知识转移给技术接受方，但是知识可以转移，技术能力却不能转移。Barton（1995）认为，技术能力由核心能力、能动能力及附加能力组成，其中，核心能力是迅速地将技术知识应用于产品和工艺的能力，核心能力是长期知识积累形成的。技术存量是企业现有的技术知识基础、物理体系等资源状况，而技术能力的发展是一个逐渐积累、渐进学习的过程。企业在创新实践中，通过不断学习和探索来获得和积累新的知识经验，尤其是相关的隐性知识，提高技术能力。同时，通过寻求外部技术资源来进一步提升企业的技术能力。所有的过程都离不开知识的学习与积累。

表 2.1 列出了各类技术获取途径，并分析了各自的优势和劣势。可以看到，对于装备制造业最具挑战性的是获取关键技术和隐性知识，而其中最重要的是拥有大量具备隐性知识和经验的人才积累。

---

① 数据来源：《2016—2022 年中国智能制造装备市场发展现状及战略咨询报告》。

表 2.1　各类技术获取途径

方式	优势	劣势
运用隐性知识	内部的，知识具有高度专业性，难以复制	运用隐性知识的人才缺乏
内部正式研发	企业可控，知识保留在企业	高成本，高投入，对于企业现金流要求较高，失败风险大
内部研发和外部网络联系	拓展了企业的知识积累能力	对知识的控制力不如自主研发强，取决于合作能力
逆向工程	低成本获得竞争者的产品技术和工艺知识	取决于推断能力，对于产品整体设计理念的理解需要较深厚的知识积累；存在侵权风险
隐性获取	快速获取知识	不合法，难以将外部知识转化为内部知识
知识转移和吸收	容易获取知识	成本高；技术深度吸收需要大量的隐性知识，难以通过购买获得
合同研发 / 许可证交易 / 购买	较快获取知识	成本高，学习过程缺乏，难以吸收隐性知识，知识应用受到合同制约
战略研发伙伴 / 合资企业 / 收购	与互补知识体系相结合，迅速提升研发能力	成本高，合作失败风险大，隐性知识难以完全掌握

二、智能装备制造业的主要特征

装备制造业的重要技术特点是：范围广、门类多、技术含量高，与其他产业的关联度大。装备制造业是制造业的核心部分，是整个工业的基础。从经济发展阶段特征看，一个国家发达的装备制造业是制造水平和产业升级的标志。在工业化过程中，装备制造业具有极高的带动效应，是产业结构优化的推动力量。

装备制造业产业链包括上游的原材料制造业、中游的中间件制造业（包括元器件制造业、零部件制造业、中间材料制造业）以及下游的子系统制造和系统集成。子系统制造是生产出各种装备产品的主机和辅机，系统集成则是将众多产业中游的产品加以装配、系统设计与系统成套制造。下游产业链的内涵是十分丰富的，包括各种成型装备产品的核心生产能力。

装备制造业包含的知识有：第一，要素知识，或者是每一个核心设计理念知识，以及与某一特定要素组合的方法知识；第二，建构知识，或者是将要素合理地整合或连接为一个整体的方法知识。知识积累过程能够概念化为两个主要成分，一是知识搜寻机制，二是在这种搜寻机制的范围内能够发挥作用的工具选择。知识积累的实质就是对不断出现的问题进行解决的周期性活动。大量的问题解决经验和知识储备的增加，促进了企业的学习。经验和实验通过不同的途径对知识积累的过程产生影响。

从装备制造业的技术发展过程看，具有显著的技术稳定性、定制化和关联性等特征，这也决定了装备制造业技术创新的相关特征：

（1）技术范式稳定

装备制造业主导技术具有高度连续性，装备产品的主导设计往往在长时间不会发生根本性改变。主导设计以产品一系列与自身主要功能相关的核心设计理念以及描述元件内部要素整合方式的产品架构作为特征，如现代汽车工业的主导设计包括由汽油发动机提供动力，通过一个传动和驱动的车体与轮子相连接。当汽车工业的主导设计被广泛接受之后，设计工程师在设计新产品时就不需要重新决定是否使用汽油发动机了。因此，一旦主导设计被建立，初始的一系列要素也已经过提炼，并且要素的改进也将在稳定的架构中进行。装备制造业产品大量的研发工作是对跨学科领域知识或已有知识的集成，从而有利于现有的优势企业保持技术创新的领导地位。作为工业化后起国家，技术追赶过程较为漫长和艰难，往往只有在技术范式变化时才有机会实现技术的超越。

（2）生产组织的柔性和定制化的研发能力

装备制造业生产制造模式与一般大批量生产模式有所不同，具有小批量、定制化、服务化的特点，因此其产品从设计、生产制造到交付都具有独特性和偶然性，要求企业具备较高的柔性生产能力。柔性的生产方式能够保证企业知识平台的构建时，有利于企业技术创新活动中的知识积累。装备产品具有某些复杂产品系统的特征，表现出高度的用户定制化。面对用户需求和技术体系的快速变化，企业进行产品概念建构，必须迅速地对市场需求进行调查和预测，理解用户所需产品及服务的个性化性能的理解。Henderson 的研究表明，建构能力使企业以灵活的方式，通过集成利用元件知识，发展新的元件知识和建构能力。在这个过程中，市场知识主要体现为企业对相关领域技术发展趋势和市场需求变化的密切跟踪，而创新型企业通过创造和集成已有产品的市场知识来决定新产品的市场和技术定位。

（3）网络组织创新模式

装备产品由大量的子系统和元件构成，其技术深度和宽度超过大规模制造产品，具有显著的技术关联性和集成性。装备制造业上下游技术关联性非常强，技术链构建过程涉及的技术知识必然是跨领域、交叉学科知识的综合，其中某一环节技术薄弱可能会对下一环节产品生产产生影响。供应商、产品用户、产品标准及行业管制机构也需要经常参与到装备产品的创新和系统集成过程中。企业的产品被嵌入日益复杂的技术网络中，大大减少了单个企业完全主导新技术的机会，企业没有必要也不可能掌握关于产品开发和生产的全部技术领域知识。这就要求企业必须能够善于利用外部技术资源，因而那些擅长利用各种契约形式及与关联的不同组织进行分工合作的企业获得了竞争优势，使用外部技术来源成为技术创新的重要战略。Peter F.Drucker 提出，在新经济中，企业的创新能力取决于企业从外部组织获取知识的能力。Balow（2001）指出，加强合作与跨组织的知识集成十分重要，采取网络组织模式有利于不同企业之间实现跨领域、跨机构的知识管理和技术创新。

由于装备制造业具有技术稳定性、定制化和关联性等特点，从全球市场来看，装备制造业具有"隐形冠军"众多、地理分布集中的特征。Hermann Simon 的著作《隐形冠军》中，对一些世界级的中小企业进行了调研和总结，称为"隐形冠军"。研究表明，"隐形冠军"分布最多的产业是机械工程和机器制造行业，占比达到 37%。装备制造业的"隐形冠军"主要集中在欧美的装备制造业强国，其技术创新能力代表着国际最先进水平。和微软、英特尔等公司相比，"隐形冠军"成长得并不快，但是它们专注于一个稳定的细分市场，并且通常有 50% 左右的产品用于出口。它们在制造与研究方面表现出较高的自主创新能力，制造深度为 57% 左右，有 1/4 的"隐形冠军"制造深度超过 70%，仅有 1/4 的"隐形冠军"制造深度少于 40%。也就是说，关键零部件技术能力对"隐形冠军"企业保持竞争力很重要。"隐形冠军"的集中对于一个国家装备制造业的技术创新能力具有极其重要的作用。

三、影响智能装备制造业转型发展的关键要素解析

企业是否实现了智能化转型升级可以从智能制造效率和智能制造效益两个方面衡量，也就是对智能化绩效进行衡量，智能化绩效包含智能制造效率和智能制造效益两个方面的含义。智能制造效率主要从能力角度衡量企业智能制造的水平，智能制造效益主要从经济效益角度对智能化转型升级进行衡量。企业实现智能化升级体现为智能化绩效的提升。本书通过智能化绩效这一指标衡量智能化转型升级。

（1）产品市场需求与制造业智能化转型升级

需求决定产品价值。产品市场需求在某种程度上体现着产品价值的来源，基于产品市场需求的产品价值决定了企业的竞争优势。产品市场需求主要体现在用户需求和市场需求两个方面。扎根理论研究发现，产品市场需求是影响研发设计智能化的关键因素。产品市场需求对智能化转型升级的影响体现在：一方面，基于用户需求所设计的智能产品能够有效地满足用户的个性化需求，在满足用户基本需求的基础之上提供超预期的产品或服务体验，充分了解与分析用户习惯与用户行为，从而满足用户的喜好与情感。以用户需求为中心的智能制造活动，强调在研发设计环节充分考虑用户需求，使得设计出来的智能产品体现更多用户价值。也就是说，通过用户需求驱动企业的智能化创新行为，创造价值。强调用户需求的智能化活动能够增加用户黏性，将用户与企业建立为利益共同体，能够为企业带来更多的竞争优势。另一方面，基于市场需求进行智能化活动强调制造业企业以市场为导向，根据市场需求开发具有市场潜力的智能产品，从而使得企业抢占市场先机并提高自身在本行业中的市场份额，增强企业的竞争优势。以市场需求为导向的智能产品开发不仅能够满足现有的市场需求，在一定程度上还能够刺激用户潜在的需求，从而增强企业的竞争优势。产品市场需求是企业进行智能化转型升级的外在拉力，能够促进企业实施智能化转型升级活动。也就是说，产品市场需求对企业智能化绩效产生正向影响作用。

基于上述分析，提出以下假设：

H1：产品市场需求对智能化绩效产生正向影响。

H1a：产品市场需求对智能制造效率产生正向影响。

H1b：产品市场需求对智能制造效益产生正向影响。

（2）智能技术创新与制造业智能化转型升级

技术推动产业升级。智能制造技术本质上是制造技术与人工智能、新型传感技术等新兴技术的深度融合，能够实现经营活动全过程的自分析、自组织与自处理等。智能技术创新指的是基于智能制造的各种技术创新活动，包含智能制造技术开发与智能制造技术应用两方面。企业实施智能化改造活动离不开智能制造技术的推动作用，通过智能技术创新产生新的智能产品或者智能生产活动，智能技术创新从本质上决定了智能化升级。研发设计智能化、制造过程智能化、技术服务智能化以及管理智能化均以智能技术为基础载体，具体表现在：①产品研发设计阶段，开发新的智能技术或者使用成熟的智能制造技术能够提高产品设计的智能化水平。比如，建模与仿真技术、网络系统设计技术、数字化制造系统等能够极大地缩短产品研发周期，提高产品的研发成功率。同时，产品研发设计阶段的智能技术创新活动有利于企业有效识别用户需求，提高企业产品设计的数字化以及模块化水平。②智能技术创新促进制造过程智能化。在企业的生产制造过程中采用新型的智能制造技术能够有效地改变现有的制造过程。比如，机器人技术、识别技术、先进控制与优化技术等能够有效地提高企业生产效率，降低生产成本，缩短生产工期，同时能够减少人工操作所导致的安全生产事故。③智能技术创新促进技术服务智能化。通过应用智能技术延长产品链条，使得产品移交至用户手中时，也能及时地获得产品数据，根据在线提供的产品数据进行服务。比如，新型传感技术、定位技术等提高了获取产品的运行状态以及感知环境的能力，能够根据实时记录及反馈的数据信息主动提供在线服务，提升了企业的技术服务能力与质量。④智能技术创新促进管理智能化。大数据技术、系统协同技术等的应用可以有效地集成企业各个业务系统，有效管理各个业务系统所产生的数据信息，减少冗余管理活动，从而提高企业经营绩效水平，实现管理智能化。智能技术创新能够有效促进研发设计智能化、制造过程智能化、技术服务智能化以及管理智能化，促进企业智能化转型升级绩效。

基于上述分析，提出以下假设：

H2：智能技术创新对智能化绩效产生正向影响。

H2a：智能技术创新对智能制造效率产生正向影响。

H2b：智能技术创新对智能制造效益产生正向影响。

（3）智能装备资源与制造业智能化转型升级

智能装备资源指的是企业所拥有的智能制造相关装备或辅助设备。智能装备及辅助设备作为智能制造的基础载体，极大地影响了企业生产制造过程的智能化升级。智能机器人、高级数控机床、智能执行器等设备均属于智能装备资源，能够有效地改造现有的产品生产线及生产工艺。智能制造装备作为最基础的智能化改造方式能够有效地提高产品的生产效率，提高产品生产质量，优化产品生产工艺流程，降低产品生产过程中的资源能源消耗水平，这体现的是企业实施智能化升级所产生的智能制造效益。同时，智能化的生产装备及辅助设备具有实时监控与实时感知的功能，对于整个生产制造活动实施动态感知也是实现在线优化等功能的前提，这体现的是企业实施智能化升级所产生的智能制造效率。降低了生产线上的人员配备，通过智能化设备取代不必要的人力劳动，通过网络将企业内部的机器与人员连接起来，实施相较于人工操作更为精准的操作。拓展智能装备资源是促进智能化转型升级的关键因素，从智能制造效率和智能制造效益两个方面提高企业的智能化水平。

基于上述分析，提出以下假设：

H3：智能装备资源对智能化绩效产生正向影响。

H3a：智能装备资源对智能制造效率产生正向影响。

H3b：智能装备资源对智能制造效益产生正向影响。

（4）智能交互能力与制造业智能化转型升级

智能交互能力的内涵体现在人与设备的智能交互能力、设备与设备的智能交互能力、设备与企业管理平台的智能交互能力三个方面。人与设备的智能交互，本质上表现为通过传感等智能技术实现人员与设备的实时互联互通，人员能够实时接收设备运行数据，设备也能够及时地获取人员指令或需求，主动提供服务，增加了人员与设备之间的交互黏性。设备与设备之间的智能交互，体现在通过智能技术将设备系统之间联系起来，通过设备互联记录与掌握生产活动所产生的数据信息，高效精准地控制生产活动运行。设备与企业管理平台的智能交互本质上表现为企业内部各个管理系统与生产设备之间的有效联系。比如，产品数据管理系统、企业物流系统、企业供应链系统等能够及时地获取生产信息，指导这些业务的规划与实施。同时，设备与管理系统之间的互联互通也保证了管理系统对生产活动的及时控制，使得企业的各个经营活动实现系统性、灵活性。智能交互能力的提高有利于促进企业智能化转型升级。

基于上述分析，提出以下假设：

H4：智能交互能力对智能化绩效产生正向影响。

H4a：智能交互能力对智能制造效率产生正向影响。

H4b：智能交互能力对智能制造效益产生正向影响。

（5）数字化集成能力与制造业智能化转型升级

数字化集成能力指的是企业应用各类智能化管理系统集成企业各项业务活动及信息的能力。企业的生产经营管理必然伴随着大量数据信息的产生与交换，通过有效集成各类管理系统能够有效地管理大量数据，实现管理活动的高效自治。数字化集成能力主要体现在企业内部各个管理系统的纵向集成以及内部系统与外部系统的横向集成两个方面。内部管理系统的纵向集成，一方面表现为企业的制造执行系统与企业资源计划系统的有效集成，保证了对制造活动的实时控制与调度，同时保证了企业资源与制造活动的协同；另一方面表现为产品数据管理系统、生产控制系统、生产计划调度系统等制造子系统与订单管理系统、生产管理系统等管理计划子系统的有效集成，保证了生产活动的智能化精准执行，以及非生产活动与生产活动的有效配合，使得企业内部各个管理系统之间整合互联并形成一个有序的整体，能够提高自控制、自组织与自决策的水平。内部管理系统与外部管理系统之间的横向集成，能够充分调动企业的外部资源。比如，外部协作管理系统能够有效地控制企业对于外部资源的获取，弥补本企业智能化过程中的短板，从而提高企业智能制造的效率以及效益。数字化集成能力是企业管理智能化的关键因素。企业管理智能化是数字化集成较高层次上的智能化改造，是以企业良好的信息化建设为基础的更进一步的升级。因此认为数字化集成能力的提升能够促进智能化绩效的提升。

基于上述分析，提出以下假设：

H5：数字化集成能力对智能化绩效产生正向影响。

H5a：数字化集成能力对智能制造效率产生正向影响。

H5b：数字化集成能力对智能制造效益产生正向影响。

（6）智能服务平台与制造业智能化转型升级

智能服务平台指的是体现信息化与工业化的融合并支撑企业各类系统有效运行的基础服务平台，包括大数据平台、云服务平台、互联网平台、物联网平台等。企业生产制造活动包含着大量的数据，这些无形的数据作为一种具有潜在价值的资源驱动信息的传递与业务的实现。智能制造强调的是能够实现数据的有序自动流动，因此通过大数据智能服务平台能够促进企业智能化的升级。基于大数据的智能服务平台有效收集与分析各类数据信息，提高企业的生产制造效率，根据大量的用户数据实现个性化定制，从而提升企业的智能化绩效。基于云计算的智能服务平台具有实时传递数据信息、提供在线诊断与服务等功能。云服务平台作为一种高效的、开放式的资源共享平台，能够实现用户服务的智能化提升，快速接收用户使用产品的实时数据信息，根据用户需求调整自身的服务功能，或提供在线远程服务与维修等，因此云服务平台能够有效地提高企业的智能化水平。基于物联网技术的智能服务平台通过多入口、多模式以及多终端的相互关联，使得产品具有自我适应、自我感知、自我学习等功能。同时，物联网服务平台能够充分感知用户价值，将用户与企业连接成一个有机互联系统，提高企业智能化服务的水平。因此认为智能服务平台能够促进企业智能化转型升级。

基于上述分析，提出以下假设：

H6：智能服务平台对智能化绩效产生正向影响。

H6a：智能服务平台对智能制造效率产生正向影响。

H6b：智能服务平台对智能制造效益产生正向影响。

（7）市场竞争强度的调节作用

市场竞争强度本质上是对企业在市场中所面临的竞争压力强烈程度的衡量。研究表明，企业面临环境的不确定程度与企业所在行业的竞争程度相关。当企业处在一个较高竞争强度的行业环境中时，企业所面对的不确定性也会随之增加，在这种情况下，企业往往会选择更加积极的企业行为以应对环境的不确定性，从而保持或者提高企业在行业当中的竞争力。市场竞争强度作为构成产业环境的关键维度，在很大程度上决定企业所采用的智能化发展战略，并影响最终的绩效。企业进行智能化转型升级的目的在于提高企业在行业中以及产业链上的竞争能力，更好地满足顾客需求，保持或提高市场占有率。市场竞争强度大的行业中存在更多的产品供应商，顾客对于产品的敏感程度也较高，市场竞争强度的增加有利于企业投入更多的精力挖掘用户需求以及市场动向，从而获得良好的智能化绩效。一般来说，市场竞争强度大的行业中，会存在较高的研发竞争，这会使得企业的现有技术过时或者被模仿的可能性更高，因此，要想获得更高的智能化绩效，必须增加对智能技术的创新投入。市场竞争强度也是决定资源配置效率的关键因素，竞争强度提高，企业会更新现有的基础资源（智能装备资源），剔除企业内部的多余资源，提高企业内部资源的利用率，从而提高企业绩效。市场竞争强度的增加有利于提高企业内部制造活动的紧密协作能力，提高制造活动之间的协作效率。激烈的市场竞争使得企业不再拘泥于独立的个体，而是更加注重平台建设与平台利用，获得资源服务平台所带来的优势。

基于上述分析，提出以下假设：

H7a：产品市场需求对智能化绩效的影响受到市场竞争强度的调节作用。

H7b：智能技术创新对智能化绩效的影响受到市场竞争强度的调节作用。

H7c：智能装备资源对智能化绩效的影响受到市场竞争强度的调节作用。

H7d：智能交互能力对智能化绩效的影响受到市场竞争强度的调节作用

H7e：数字化集成能力对智能化绩效的影响受到市场竞争强度的调节作用。

H7f：智能服务平台对智能化绩效的影响受到市场竞争强度的调节作用。

四、智能装备制造业发展的机理框架

（1）研究假设

根据扎根理论研究方法，确定制造业智能化转型升级的影响因素分别为：产品市场需求、智能技术创新、智能装备资源、智能交互能力、数字化集成能力、智能服务平台以及市场竞争强度。其中，市场竞争强度作为调节变量，对于影响因素与智能化绩效之间的关系具有调节作用。同时，深入分析产品市场需求与智能化绩效、智能技术创新与智能化绩效、智能装备资源与智能化绩效、智能交互能力与智能化绩效、数字化集成能力与智能化绩效、智能服务平台与智能化绩效的作用机理，并提出本书的6个主要假设以及18个部分假设，假设研究汇总表如表2.2所示。

表2.2 假设研究汇总表

符号	假设
H1	产品市场需求对智能化绩效产生正向影响
H1a	产品市场需求对智能制造效率产生正向影响
H1b	产品市场需求对智能制造效益产生正向影响
H2	智能技术创新对智能化绩效产生正向影响
H2a	智能技术创新对智能制造效率产生正向影响
H2b	智能技术创新对智能制造效益产生正向影响
H3	智能装备资源对智能化绩效产生正向影响
H3a	智能装备资源对智能制造效率产生正向影响
H3b	智能装备资源对智能制造效益产生正向影响
H4	智能交互能力对智能化绩效产生正向影响
H4a	智能交互能力对智能制造效率产生正向影响
H4b	智能交互能力对智能制造效益产生正向影响
H5	数字化集成能力对智能化绩效产生正向影响
H5a	数字化集成能力对智能制造效率产生正向影响
H5b	数字化集成能力对智能制造效益产生正向影响
H6	智能服务平台对智能化绩效产生正向影响
H6a	智能服务平台对智能制造效率产生正向影响
H6b	智能服务平台对智能制造效益产生正向影响
H7a	产品市场需求对智能化绩效的影响受到市场竞争强度的调节作用
H7b	智能技术创新对智能化绩效的影响受到市场竞争强度的调节作用
H7c	智能装备资源对智能化绩效的影响受到市场竞争强度的调节作用

续表

符号	假设
H7d	智能交互能力对智能化绩效的影响受到市场竞争强度的调节作用
H7e	数字化集成能力对智能化绩效的影响受到市场竞争强度的调节作用
H7f	智能服务平台对智能化绩效的影响受到市场竞争强度的调节作用

（2）概念模型

根据以上提出的6个主要假设，18个分假设，构建本书的概念模型，如图2.1所示。其中，产品市场需求、智能技术创新、智能装备资源、智能交互能力、数字化集成能力、智能服务平台为自变量；智能化绩效为因变量，从智能制造效率和智能制造效益两个方面进行衡量；市场竞争强度为调节变量。研究六大影响因素对智能化绩效的作用，并检验市场竞争强度的调节作用。

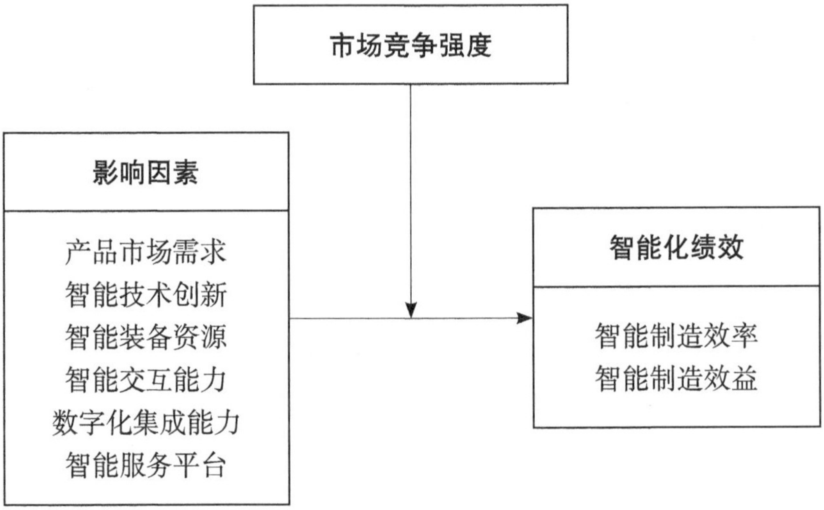

图 2.1 概念模型

第四节　智能装备制造业产业链解析

一、产业链构成

智能装备制造的产业链上游主要为变速器、减速器、主轴 / 轴承、传动装置、传感器、控制器、显示器、伺服系统等核心零部件；中游为智能制造装备，主要包括高端数控机床、工业 / 柔性机器人、3D 打印设备（增材制造装备）、智能专用设备、智能传感与控制装备、智能检测与装配装备以及智能仓储与物流装备等；下游为智能制造装备的应用领域，主要涵盖汽车制造、工程机械、钢铁化工、能源、生物医药、航天航空以及物流等领域。

（1）上游分析

①轴承

轴承是数控机床设备中的一种重要零部件，它的主要功能是支撑机械旋转体，降低其运动过程中的摩擦系数，并保证其回转精度。数据显示，2023 年我国轴承行业产量约 275 亿套，较上一年增长 6.18%[①]。

②传感器

传感器是一种检测装置，能感受到被测量的信息，并能将感受到的信息按一定规律变换成电信号或其他所需形式的信息输出，以满足信息的传输、处理、存储、显示、记录和控制等要求。数据显示，2022 年我国传感器市场规模为 3096.9 亿元，2019—2022 年的年均复合增长率为 12.26%。随着社会的不断进步，传感器产业在互联网的赋能下日益受到重视[②]。

③智能控制器

近年来，我国智能控制器市场规模不断增长，由 2018 年的 18963 亿元增至

① 数据来源：中国轴承工业协会、中商产业研究院。

② 数据来源：中商产业研究院。

2022 年 30643 亿元。我国拥有广阔的终端产品消费市场、完善的电子产业配套体系以及充足的劳动力资源，促使全球智能控制器产业逐渐向我国转移。

④伺服系统

伺服系统是指用来精确地跟随或复现某个过程的反馈控制系统。数据显示，我国伺服系统市场规模由 2017 年的 97 亿元上升至 2021 年的 224 亿元，年均复合增长率 23.3%。随着中国人口老龄化的进一步加剧，人口红利逐渐消退，人力成本逐年上升，传统工业尤其是制造业对自动化生产设备的需求将持续保持增长态势。

（2）中游分析

①智能制造装备市场规模

智能装备制造业是为工业生产体系和国民经济各行业直接提供技术设备的战略性产业。目前已初步形成以自动化生产线、智能检测与装配装备、智能控制系统、工业机器人等为代表的产业体系，产业规模日益增长。

数据显示，2018 年我国智能制造装备市场规模超过 1.51 万亿元，2022 年市场规模达到 2.68 万亿元[①]。未来，在“中国制造 2025”战略的不断落实与推进以及物联网、云技术、人工智能等新兴技术的推动下，我国智能装备行业将保持较快增长。

②数控机床

在国家政策利好以及企业不断追求创新的背景下，我国数控机床行业发展迅速。数据显示，2022 年我国数控机床产业规模约为 3825 亿元，2023 年我国数控机床产业规模增长至 4016 亿元，同比增长 5%。[②]

③工业机器人

近年来，我国工业机器人产量持续增加。2020 年我国工业机器人产量突破 20 万套，达到 23.71 万套，同比增长 19.1%。随着市场竞争加剧，中国工业经济展现出了应对复杂严峻局面的强大韧性和活力，工业机器人也以亮眼的表现逆势上扬。数据显示，2021 年我国工业机器人产量累计达 36.60 万套，同比增长

① 数据来源：中商产业研究院。

② 数据来源：中商产业研究院。

44.9%。2023 年上半年，我国工业机器人产量达 22.2 万套，同比增长 5.4%。我国工业机器人市场销量总体呈增长趋势，仅 2019 年出现小幅下降，同比下降 2.1%。2023 年工业机器人市场累计销售工业机器人 27.1 万台，同比增长约五成。[①]

④ 3D 打印设备

目前，中国市场的主流设备品牌包括联泰、EOS、华曙、铂力特、3D Systems、GE、Stratasys、惠普等。数据显示，联泰在 3D 打印行业中市场占比最大，达 16.4%，其次为 Stratasys 和 EOS，分别占比 14.8% 和 13.1%[②]。

⑤智能制造装备企业注册量

近年来，随着智能制造不断发展，我国智能制造装备行业快速发展，相关企业注册量增长迅速。数据显示，2017—2021 年，我国智能制造装备企业注册量快速增长，年均复合增长率达 46.9%，其中 2020 年智能制造装备新增企业数量突破 4 万家，2021 年新增企业数量突破 7 万家，同比增长 74.7%。数据显示，2022 年上半年，我国智能制造装备新增相关企业 4.16 万家，保持快速增长。[③]

（3）下游分析

①汽车制造

在国家购置税减半政策、地方政府促进汽车消费政策叠加下，汽车市场表现良好。2023 年 1 月至 7 月，我国汽车产销量达 1565 万辆和 1562.6 万辆，同比分别增长 7.4% 和 7.9%。[④] 2024 年 1 月，我国汽车产销分别完成 241 万辆和 243.9 万辆，同比分别增长 51.2% 和 47.9%。

②工程机械

据中国工程机械工业协会数据，2021 年工程机械行业实现营业收入 9065 亿元，同比增长 17%。工业总产值同比增长 3.76%，其中，新产品产值同比增长 8.74%，工业销售产值同比增长 2.76%。

① 资料来源：中商产业研究院。

② 数据来源：中国复合材料工业协会官网。

③ 数据来源：《2024—2029 年中国智能制造装备行业市场深度调研及投资策略预测报告》。

④ 数据来源：中国汽车工业协会、中商产业研究院。

③生物医药

2020 年，药审中心受理 1 类创新药注册申请共 1,062 件（597 个品种），较 2019 年增长 51.71%。其中，受理 IND 申请 1008 件，较 2019 年增长 49.78%；受理 NDA 申请 54 件，较 2019 年增长 100.00%。截至 2021 年，中国生物医药行业市场规模为 3.97 万亿元。[①]

二、上下游行业影响

（1）进入行业的主要障碍

①技术壁垒

智能制造装备行业是先进制造技术、信息技术和智能技术的集成和深度融合。以动力总成自动化装配线为例，要进入行业必须对发动机和变速箱的装配工艺有深入了解。发动机和变速箱都是汽车的核心部件，由上千种不同功能的零件组成，结构非常复杂，尤其是变速箱，种类繁多，分为手动、自动、无级变速、双离合器等不同结构，每种结构差异很大，装配时严格的工艺控制，包括各种力、扭矩、位移间隙等，装配中还需考虑各零件的相互匹配、防错、可追溯等，没有行业内多年的经验则不足以全面了解这些结构和不同的装配工艺。此外，装配线不同功能的设备各有其特点和难点，短时间内行业之外的技术人员无法逾越这些技术鸿沟。

②项目经验壁垒

客户需求变化性和生产复杂性的提升带来了项目管理难度的增大，智能型自动化生产线项目涉及整体方案设计、机械与电控方案设计、信息化功能设计、零部件采购、系统集成、安装调试、系统技术升级等各环节，项目目标的实现有赖于供应商强大的项目管理能力。此外，客户在招标时，倾向于选择整体解决方案提供商和交钥匙工程提供商。在项目招标时，一般要求投标方具有总包设计及集成经验，具备关键设备设计集成能力，且已经交付的生产线不存在重大或不能整改的质量问题。在一些高端项目上，可能要求供应商具有与世界排名靠前或国内前列的厂商成功合作的项目经验，并总包集成过一定数量的生产线，这些为行业

① 数据来源：《“十四五”生物经济发展规划》。

新进入者设立了极高的壁垒。

③人才团队壁垒

优秀人才是智能装备制造业发展所面临的最大挑战，也是中国从制造业大国向制造业强国发展的关键。运用智能型自动化装配系统需要具有机械、电子、控制、工业软件、传感器、人工智能、化学等跨领域多学科知识综合和集成运用的能力，目前我国高等院校缺乏具体的专业设置，人才的培养与引进主要依靠企业在项目中培养以及从外资企业中引进业务骨干。作为智能装备制造业，由于一般为非标定制化生产，除上述专业技术人才外，还需要大批对客户需求、产品特征、生产工艺乃至关键核心部件有深入了解，具备丰富项目管理经验和专业化的技术型市场营销人员。项目研发设计、运行管理团队的形成，需要在项目实施过程中不断积累经验，培养与引进人才，互相磨合。人才团队成为新进入者进入该行业的较高壁垒。

④品牌壁垒

智能型自动化生产线和智能型自动化装备所需投资较大，回收期较长，如在使用过程中出现问题，将直接影响到所生产产品的质量以及生产活动的正常运行。下游客户在选择供应商时非常慎重，一般具有很高的知名度、具备项目管理经验和项目成功案例、能够提供长期的售后服务的供应商才能入围，最终供应商一般在入围供应商中以招标方式确定。随着行业的不断发展完善，下游客户在考虑采购价格的同时，更为注重供应商的品牌。对新进入者而言，从进入到被认可需要较长的时间，客户对智能型自动化装备系统供应商品牌的高度依赖对后进入的供应商构筑了较高的品牌壁垒。

⑤资金壁垒

智能型自动化生产线和智能型自动化装备大多是以非标定制化生产模式进行的，为满足客户对自动化、柔性化、信息化和智能化等方面各种差异性和个性化需求，项目前期研发设计周期较长，同时，研发设计人才引进和培养需要一个较长的周期，需要较高的研发设计资金投入。部分关键核心元器件主要依赖进口或者通过外国公司在国内的代理机构采购，该部分关键核心元器件需要通过预付货款的方式进行采购。此外，项目实施周期较长，需要投入较多的流动资金。

智能型自动化生产线和智能型自动化装备项目合同金额一般较大，且主要通过招投标的方式获取合同订单，这对项目承接方的资金投入提出了较高要求，具体表现在：招标时一般需要投标方缴纳投标保证金，中标后又通常需要缴纳履约保证金，项目终验通过后还要保留合同金额的一定比例作为质保金。虽然项目承接方会采取预收货款的方式降低资金压力，但是由于项目金额大且有进一步增长的趋势，仍然对供应商的资金实力提出了较高要求。

（2）影响行业发展的有利因素

①我国经济发展仍处于可以大有作为的重要战略机遇期

综合判断国内外形势，从国际看，和平与发展的时代主题没有变，世界多极化、经济全球化、文化多样化、社会信息化深入发展；从国内看，经济长期向好的基本面没有改变，发展前景依然广阔，但提质增效转型升级的要求更加紧迫，经济发展进入新常态，向形态更高级、分工更优化、结构更合理阶段演化的趋势更加明显。综合判断，我国经济发展仍处于可以大有作为的重要战略机遇期。国民经济的持续较快增长为行业的发展提供了良好的宏观经济环境，有利于推动智能制造装备行业的持续快速稳定增长。

②国家产业政策支持

《国务院关于加快培育和发展战略性新兴产业的决定》将以智能制造装备为代表的高端装备制造业列为七大战略性新兴产业之一。此后，国家颁布《关于印发“十二五”国家战略性新兴产业发展规划的通知》《工业转型升级规划》《智能制造科技发展“十二五”专项规划》《高端装备制造业“十二五”发展规划》《智能制造装备产业“十二五”发展规划》《关于推进工业机器人产业发展的指导意见》《中国制造 2025》等一系列产业政策，支持智能制造装备行业的发展。

为了贯彻落实《国务院加快培育和发展战略性新兴产业的决定》，加快智能制造装备的创新发展和产业化，国家发展改革委、财政部、工业和信息化部组织实施了智能制造装备发展专项，专项重点支持智能测控装置、重大智能成套装备的研发和示范应用，以及重点领域的数字化车间的示范建设。支持项目包括焊接自动化生产线、冲压生产线、自动化装配生产线等，以及重卡的变速器、汽车车桥、汽车液压油缸、发动机等加工装配的生产线项目。

③下游需求的稳定增长和应用领域的扩大提供了广阔的发展空间

自动化生产线在发展初期主要运用于汽车行业，经过长期发展，汽车行业自动化程度已达较高水平。中国市场的汽车销售量已经连续多年全球第一，未来即使保持个位数增长，其增量规模也很大。

相比而言，其他一般工业的自动化程度远低于汽车行业，未来自动化生产线行业下游应用空间广阔。同时，全球化竞争需要提高生产力和产品品质，快速增长的消费市场需要企业提高生产能力，产品更新周期加快需要更多的柔性制造，危险工作需要实现无人操作，这些需求都将推动制造业的智能化、自动化发展。目前，我国正处于经济结构调整和工业转型升级的关键时期，加快发展以智能制造装备为代表的高端装备制造业，用高端制造装备改造提升传统产业，已经成为增强我国制造业核心竞争力和可持续发展能力的重要着力点。下游汽车行业市场需求将保持持续稳定增长趋势，利用自动化技术和智能制造装备改造提升一般工业企业的需求巨大，有利于推动智能制造装备行业的持续快速稳定增长。

综上，下游汽车行业、工程机械、航空航天、军工、家电电子、物流仓储及其他一般工业对以自动化生产线为代表的智能制造装备需求迫切，规模巨大，为行业提供了广阔的发展空间。

④技术进步和工艺装备水平的提高

智能制造装备行业中的一些重点企业在国家产业政策的支持下已经或者正在集中力量突破高端装备、系统软件、关键材料等重点领域的关键核心技术，着力提升关键基础零部件、基础工艺、基础材料、基础制造装备研发和系统集成水平，智能制造装备对应的产业配套能力大幅提升，这种全产业链同步发展的局面，有利于突破国际厂商的技术垄断，也有利于改善对国产装备质量差的惯性思维，有利于智能制造装备行业加快实现国产化替代。

⑤智能装备制造业与下游客户的技术合作不断深入，有利于本土服务优势的企业超越国际厂商

随着下游市场的竞争加剧，各类产品的市场周期缩短，供应链效率不断提升，智能装备制造业与下游客户的技术合作更加深入。装备制造业需要及时掌握用户需求，建立全生命周期跟踪、开发和服务的运行模式，开发和制造出适应下游客户需求的新技术、新工艺、新材料；由生产型制造向服务型制造转变，努力成为

提供全面解决方案的供应商；由以产品为核心向研发设计、系统成套、工程承包、远程诊断维护、在线测量、检验、监控等服务业延伸。这种与下游的深度技术合作的趋势，有利于具备技术实力同时具有本土服务优势的企业，通过更快速的技术服务响应，替代并超越国际厂商。

（3）影响行业发展的不利因素

①国际厂商的先发优势明显，建立国产高端品牌需要过程

中国智能制造装备产品技术水平长期落后于发达国家，市场份额大部分被国际品牌所占领，智能制造装备市场仍主要由国际厂商主导。以汽车行业为例，产销量排名前五的整车企业所用的生产装备大部分是进口的，中国汽车制造关键装备对外依存度高达70%。近年来，虽然国内涌现出一批优秀厂商，凭借较强的学习能力和技术产品研发能力，通过集成创新和引进消化吸收再创新乃至原始创新，获得了技术突破，抢占了部分市场份额，但智能制造装备市场仍主要由国际知名厂商所主导。国产产品的技术积累和市场开拓需经历必要过程，国产品牌的建立也需要经历逐步被用户认可的过程。

②行业中企业规模普遍较小

我国智能制造装备行业的规模普遍偏小，与国际先进企业相比，竞争能力不强，抗风险能力相对薄弱。技术研发实力的积累、研发设计人员的引进、能够带来长期收益的研发项目的推进都需要资本的支撑，依靠自身积累投入规模有限，不利于具有技术竞争优势的企业快速做大做强。

行业的下游应用逐渐呈现向大型化、总承包方向发展的趋势，业内真正能为下游客户提供从空间整体布局、产品设计、生产加工到安装调试、维护保养的自动化生产线整体解决方案和交钥匙工程的企业较少，从而对整个行业的发展及技术的提升产生了不利影响。

（4）行业与上下游行业之间的关联性及影响

①与上游行业的关联性及上游行业发展对行业及其发展前景的影响

上游行业主要有钢铁行业、工业机器人本体生产企业及关键核心元器件供应商等。工业机器人本体生产企业技术壁垒较高，但是目前市场供应较为充足，竞争较为充分。行业所需的各类元器件等原材料技术较为成熟，产品供应充足，价

格随市场供求关系及基础材料价格的变动而波动，部分通过国内采购，部分通过从海外公司或其设在中国的生产基地采购。行业所需的部分关键核心元器件主要依赖进口，其采购成本较高，供货周期也将影响交货周期，不利于行业的稳定健康发展。国内上游行业的发展将有助于行业产品结构优化、性能提升、成本降低，并能为行业新产品的研发提供技术上的支持。

②与下游行业的关联性及下游行业发展对行业及其发展前景的影响

行业的下游应用领域广泛，主要有汽车制造、工程机械、航空航天、军工、家电电子、物流仓储、食品、饮料、医药。自动化生产线在发展初期主要运用于汽车行业，经过长期发展，汽车行业自动化程度已达较高水平。随着环保标准的不断提升，以及客户对汽车消费品质的提升，个体化和差异化消费需求的增长，汽车生产向差异化、小规模等定制生产模式方向发展，汽车生产厂商管理向工业互联网、物联网和大数据方向发展，新车型的推出速度和更新换代周期不断加快，这些趋势都对以自动化生产线为代表的汽车制造装备的自动化、柔性化、智能化和信息化水平提出了更高的要求，相应汽车行业固定资产投资将保持持续较快的增长。

第五节　智能装备制造业的发展现状梳理

一、全球市场格局

（1）工业机器人和 3D 打印产业强劲增长

近年来，随着人工智能技术、数字化制造技术与移动互联网之间创新融合步伐的不断加快，全球机器人产业和 3D 打印产业保持快速增长态势。据国际机器人协会（IFR）日前发布的《新世界机器人工业机器人 2020》（*The new World Robotics 2020 Industrial Robots*）报告显示，截止 2019 年底全球累计安装了 270 万台工业机器人，创下纪录，年增长 12%。新机器人的销量保持较高水平，2019 年全年工业机器人安装量为 37.3 万台。与 2018 年相比，下降了 12%，但仍然是有记录以来的第三高销量年份。

（2）智能制造装备和技术使制造业从传统制造迈向智能制造

随着生产制造由劳动密集型向现代化制造转型，在工业生产向自动化生产转型的道路上，大力引进工业机器人变得不可或缺。金融危机以后，以美国为代表的发达国家为实现制造业回流，工业机器人需求快速复苏。3D 打印技术作为制造业智能化革命的一项重大突破，已经进入工业化和实用化的初步阶段，在促进新兴产业快速发展的同时，也带来了生产方式、商业模式和组织结构的深刻变革。3D 打印技术正在成为发达国家实现制造业回流、提升产业竞争力的重要载体。可以说，新一轮的全球制造业竞争，极有可能是 3D 打印与机器人等高端智能制造装备的竞争。以工业机器人和 3D 打印为代表的数字化、智能化制造技术将成为引领未来制造业变革的重要技术之一，使制造业从传统制造迈向智能化时代。

（3）各国政府高度关注智能制造装备产业发展积极部署发展战略

后金融危机时代，美国、英国等发达国家重新重视发展高技术的制造业，德国、日本竭力保持在智能制造装备领域的优势和垄断地位，韩国也力求跻身世界制造强国之列。智能制造装备的发展将成为世界各国竞争的焦点，发达工业化国家和地区纷纷作出战略部署，抢占智能制造装备产业发展制高点。

二、国内发展行情

（1）行业规模结构

2023 年 8 月 16 日至 22 日在北京召开的 2023 世界机器人大会发布消息显示，我国机器人产业营业收入超过 1700 亿元，继续保持两位数增长。其中，随着机器人市场应用加速拓展，2022 年我国工业机器人装机量占全球比重超 50%，稳居全球第一大工业机器人市场，制造业机器人密度达到每万名工人 392 台。来自工业和信息化部的数据显示，2022 年工业机器人产量突破 44.3 万套，同比增长超过 20%。2023 年上半年，工业机器人产量达 22.2 万套，同比增长 5.4%。中国连续十年稳居全球第一大工业机器人市场。

对于数控机床，近年来随着制造业的升级，数控机床需求也快速增长，我国数控机床在技术、质量、精度、种类、产量各方面都取得了快速发展，我国也是全球最大的机床生产和消费国。由于受到数控技术限制，我国数控机床在高速高精和智能化等方面与经济发达国家有明显差距。从 2009 年至 2015 年中国数控机床产量及进口情况来看，在高端数控机床方面，国内产品仅占 2%，而在普及型数控机床中，虽然国产化率达到 70% 左右，但国产数控机床当中大约 80% 使用国外数控系统。2017 年至 2021 年我国数控机床产业规模波动较大。2019 年我国数控机床产业规模为 3270 亿元，同比降低 2.3%，主要系数控机床行业整体需求结构调整及升级，下游领域并不景气所致。2022 年我国数控机床产业规模为 3825 亿元，社会需求恢复，制造业尤其是新能源汽车行业生产需求大幅扩张，中国数控机床技术在高速、高精度、多功能等方面都取得了显著进步，在国际市场上赢得了广泛认可。

在智能控制系统领域，我国智能控制系统的应用还处于初级阶段，市场规模不大，拥有巨大的发展空间。智能控制系统主要包括集散控制系统（DCS）和可编程控制系统（PLC）。从中国智能控制系统的销售收入可见，无论是集散控制系统还是可编程控制系统，市场规模整体呈现上升趋势。

2022 年全球智能控制器市场规模达到 18051 亿美元，相比 2020 年的 16096 亿美元，年均复合增长率约为 5.8%。中国作为全球最大的智能控制器消费国，市场需求旺盛。2022 年中国智能控制器市场规模为 4151 亿美元，占全球市场份额的 23%。到 2023 年底，中国智能控制器市场规模达到 5000 亿美元，占全球市场份额的 25%，因此智能控制系统和工业自动化控制系统在我国发展潜力巨大。

在 3D 打印设备方面，尽管我国起步较晚，但近几年快速增长，3D 打印技术发展迅猛，不仅出现了大批 3D 打印设备制造商，同时，一些高校也在技术研究方面取得了重大进展。清华大学、西安交通大学、华中科技大学是 3D 制造技术的主要研究机构，每年 3D 打印技术专利申请数量以 10% 的速度增长。近年来，中国制造企业积极引进 3D 打印技术，代替或改进企业原有的生产方式，提高企业生产的智能化水平，满足政府对于中国制造产品的转型升级需求。2019 年 3D 打印产业规模 157.5 亿元，2021 年增至 261.5 亿元，2024 年有望突破 500 亿元。但是，目前无论是从生产量还是拥有量来看，我国还处于全球落后位置。此外，目前国内 3D 打印在材料、设备和应用上仍有难题，成本较高，多用于实验，在工业方面的规模化应用率还很低。

（2）区域布局状态

我国智能制造装备产业目前初步形成了四大产业集聚区，其中环渤海地区和长三角地区是核心区。数控机床的核心研发和制造区域分布在环渤海地区、长三角地区以及云南省，工业机器人主要分布在辽宁、北京、广东、上海等地区，关键基础零部件及通用部件、智能专用装备产业主要分布在河南、湖北等中部地区。总体来看，智能制造装备产业主要分布在经济发达地区，地区间发展不平衡，这与东部沿海地区和大城市的高研发投入有关。

此外，在各个行业也形成了一批具有自主知识产权的龙头企业。如：在机床方面，有沈阳机床；在工业机器人方面，有新松机器人、哈尔滨博实自动化设备、海尔哈工大机器人等；在关键基础零部件及智能通用部件方面，有三一重工、中联重科、柳工等；在智能控制系统方面，有上海新华控制技术集团、浙大中控等。这些企业在技术和生产领域的发展，为增强我国智能制造装备的国际竞争力奠定了基础。

（3）产业集群发展模式

目前我国智能制造装备产业存在着多种产业集群发展模式，这些模式各有特色，促进了我国智能制造装备产业不断发展和进步。

①产学研相结合模式

该模式是指通过大力与企业、高校、科研院所合作，成立产学研合作基地，以促进智能制造装备产业新兴技术的应用和科学技术成果快速有效地转化，帮助智能制造装备企业发展基础科学研究，促进产业技术进步。如扬州市联合清华大学、济南铸锻所、华中科技大学、中国科学院沈阳自动化所等单位共建扬州数控机床研究院，打造扬州数控机床产业基地。

②龙头企业带动模式

该模式是指通过引进实力强、规模大、带动能力强的智能制造装备龙头企业，然后再为该产业各细分专业进行配套，形成规模化产业链模式。如云南玉溪数控机床产业园，通过引进中国机械 500 强的正成工集团作为龙头企业，吸引国内顶尖相关配套企业或项目入驻园区。

③依托国内外产业转移吸引落户模式

该模式是指在经济全球化背景下，积极吸引外资企业，引进国外先进技术，通过产业转移的方式来促进本地区智能制造装备产业快速发展并形成一定规模集聚效应的模式。如日本西铁城精机在淄博周村经济开发区设立了西铁城精密机械有限公司，埃马克（中国）机械有限公司在江苏省常州市金坛区设立高端数控机床一期项目。

三、湖南省发展行情

对于中部地区来说，它们享受着长三角地区的产业转移带来的红利，在经济层面，取得了可观的收益，但是制造业的升级成为中部地区近年来迫切需要完成的事情，可以说中部地区承担着我国“智能制造”的担子。其中湖南省的智能产业集群成了全国的亮点，湖南是制造业大省，拥有机械制造、轨道交通设备、中小航空发动机等三大产业集群。为加快打造国家重要先进制造业高地，湖南积极推进制造业企业数字化、智能化升级，夯实湖南制造业高质量发展的底气与信心。

2023 年，湖南省制造业面对“三重压力”，展现出较强韧性。数据显示，上半年，全省 39 个工业大类行业中，有 20 个行业的增加值同比实现增长，增长面超五成。其中，装备制造业表现亮眼、贡献突出，增加值增长 6.0%、对规模工业增长的贡献率达 61.0%①。

以轨道交通为例，前不久全球首辆氢能源智轨电车在湖南株洲顺利装运发车，运往马来西亚。车辆首次采用氢能源动力系统，具有续航里程更长、加氢时间更短、更低碳节能环保的优势，将为当地带去可靠、高效和现代化的新型出行方式。长沙海关数据显示，2023 年上半年，湖南轨道交通装备进出口值 7.5 亿元，较去年同期增长 101.2%，实现大幅增长。

当前光伏、储能、新能源汽车等新兴装备市场需求旺盛，湖南省制造业把握机遇，向“新”发展。2023 年上半年，全省新能源汽车零售额增长 57.3%，带动汽车制造业增加值增长 44.3%。集成电路、锂离子电池、风力发电机组产量分别增长 54.5%、28.2% 和 13.5%②。

① 数据来源：湖南省统计局。

② 数据来源：湖南省统计局。

制造业加速回暖同样反映在关联数据上。2023 年上半年，全省工业税收增长 32.4%，制造业税增长 14.7%，重点行业持续发力。上半年，汽车制造业、金属制品业、电气机械和器材制造业、专用设备制造业增加值同比分别增长 44.3%、8.9%、5.9%、4.0%；有色金属冶炼和压延加工业支撑有力，增加值增长 17.5%、对规模工业增长的贡献率达 31.6%。数据显示，上半年，全省新推动 49836 家企业上云，3896 家企业上平台，分别完成年度目标任务的 62.3%、55.7%；2023 年“数字新基建”100 个标志性项目建设进度加快，目前项目已完成投资额超 85 亿元，完成年度计划总投资额 63.9%[①]。

科创动能加速释放。湖南省将继续深入推进规模工业企业创新研发活动全覆盖，扩大研发机构覆盖面进一步扩大，提升企业创新能力。

四、热点技术动态

（1）智能制造成为制造业应对挑战的核心策略

2022 年，我国制造业面临严峻挑战，而智能制造已成为制造业应对挑战的核心策略。为此，我国持续鼓励制造业数字化转型，进一步强调智能制造的重要性，明确制造发展主攻方向。央地联合推出智能制定相关政策，让《“十四五”智能制造发展规划》得以进一步落实，助力中国制造业高质量发展。

（2）资本市场青睐，国产工业软件企业仍需砥砺前行

随着我国制造业加速向数字化、智能化发展，工业软件行业规模保持稳定发展趋势，资本市场也对其愈发青睐。e-works 认为，国产工业软件企业应充分认识资本的短期逐利性与工业软件发展的长期性、艰巨性之间的矛盾，在借力资本市场的同时，仍需冷静思考，砥砺前行。

（3）企业积极推进智能工厂建设，需要“五级修炼”

智能工厂建设是智能制造的核心领域。当前，各制造企业都在积极推进智能工厂建设与改造，并涌现了一大批智能工厂建设样板。然而，仍有很多企业在推进智能工厂建设方面存在诸多问题和误区。智能工厂建设是一个循序渐进的过程，

---

① 数据来源：湖南省统计局。

需要历经“五级修炼”。

（4）我国工业机器人密度首超美国，应用向更多细分领域拓展

国际机器人联合会（IFR）2022 年 12 月发布的报告指出，2021 年我国工业机器人密度达到每万名工人 322 台，首次超过了美国，位居世界第五位。这主要得益于在智能制造与制造业转型升级的需求驱动以及资本市场的助推之下，我国工业机器人市场及应用不断拓展。然而，我国工业机器人产业仍需夯实基础，务实前行。

（5）汽车电动化转型带动智能工厂非标自动化集成商阔步发展

2022 年全球电动汽车市场快速增长，中国是全球电动汽车销售的主要市场之一，这直接带动了智能工厂非标自动化集成商阔步发展。然而，汽车电动化转型也为智能工厂非标自动化集成商带来了数字化、智能化新挑战。当前，智能工厂非标自动化集成商正朝着专业化方向发展，同时更注重数字化服务。

（6）APS 热潮显现，厂商加速布局

APS 作为企业实现从长期的供应链设计和优化到包括生产计划和车间调度在内的整个生产过程的精确计算和全权掌控的核心，受到制造企业广泛关注，行业应用范围不断扩展。不同背景的厂商纷纷进入 APS 市场，生态火爆。但对 APS 认知不足、缺少可参考的最佳实践等因素仍制约着我国制造企业 APS 应用的脚步。

（7）应用需求旺盛，智能传感器市场被激发

2022 年，在产业政策的刺激以及应用需求的带动下，智能传感器市场被激发。其中，MEMS、CIS、雷达、射频、指纹等智能传感器已表现出成熟市场的特征。尤其在机械制造、汽车、高端装备、电子、石化、冶金等行业，智能传感器的应用场景还在持续拓展。

（8）ChatGPT 激发 AI 热潮，制造业加速探索 AI 应用

ChatGPT 带来的市场冲击有目共睹，同时也引发了一场新的 AI 热潮。对于制造企业而言，ChatGPT 模型背后的算法和训练过程更加新颖，将有望驱动 AI 落地更多场景。场景创新也将成为人工智能技术升级、产业增长的新路径，进一步推动人工智能与制造业的深度融合。

（9）智能制造人才需求高涨，人才体系建设成关注焦点

随着“中国制造”向“中国智造”转型升级，我国制造业逐步迈向中高端价值链，衍生出大量的智能制造人才需求，智能制造人才培养日益受到关注。加大智能制造人才培养力度，建立智能制造人才队伍，对推进智能制造发展意义重大。

（10）数字孪生平台不断涌现

随着应用日益广泛，市面上涌现出了不少数字孪生平台。这些数字孪生平台强调集成丰富的套件与工具，表现为与物联网、大数据、云计算、人工智能、VR（虚拟现实）、AR（增强现实）、MR（混合现实）等技术深度融合。由于不同供应商对数字孪生的技术体系和价值理解并不相同，数字孪生平台呈现出不同的发展思路。

第六节 智能装备制造业的趋势分析

一、影响要素解析

（1）行业整体态势

装备制造业是制造业的核心和支柱，是社会经济发展的基础性产业，是各行业产业升级、技术进步的基础条件。智能装备制造业作为智能制造的核心、装备制造业的重要发展方向，已成为衡量一个国家技术水平和综合实力的重要标志。

智能制造装备是具有感知、分析、推理、决策、控制功能的各类制造装备的统称，是先进制造技术、信息技术以及人工智能技术在制造装备上的集成和深度融合，是实现高效、高品质、节能环保和安全可靠生产的制造装备。当前，我国制造业正处于迈向高质量发展的关键时期，大力培育和发展智能装备制造业，是提升我国产业核心竞争力的必然要求，也是推动我国从制造大国向制造强国转型的战略选择。

从产业链看，智能装备制造业产业链可以分为上游核心零部件及工业机器人制造商、中游智能制造系统解决方案供应商和下游终端应用。产业链中游的智能制造系统解决方案供应商，主要依据下游客户产品要求、质量特性和生产纲领等进行工艺方案规划，再基于研发设计的技术方案进行装备、软件、网络、标准等相关要素的系统集成，为客户量身定制完善的智能制造系统解决方案，切实帮助客户提高产线产能、实现降本增效和提升产品质量。

我国的装备制造业是新中国成立后才开始起步的，改革开放后工业体系和相关产业链逐渐完善，制造业水平从低端慢慢向中高端拓展。目前我国智能制造装备在研发水平、制造工艺、产业体系等方面仍落后于世界制造强国，但随着行业内企业加大技术研发投入，部分产品可以在技术标准、稳定性、可靠性等方面与国外品牌展开竞争，并且在进口替代方面取得了一定的成果，国内智能装备制造业逐渐获得市场的认可，不但在国内抢占外资企业的市场份额，形成进口替代趋势，还将业务拓展至海外市场，获得国外行业知名客户的认可。

随着国家产业政策的大力支持、制造业转型升级加速、先进制造技术与新一代信息技术的深入应用，我国智能制造装备的发展深度和广度逐步提升，目前已初步建成以自动化成套生产线、智能控制系统以及工业机器人等为代表的智能制造装备产业体系，并在汽车、军工、半导体、光伏和医疗等制造企业不断普及，推动我国智能制造装备产业规模日益增长。

据中商产业研究院数据，我国智能制造装备业产值规模从 2017 年的 1.27 万亿元增长至 2021 年的 2.42 万亿元，复合增长率达到 17.49%。未来，随着我国各行业企业加速向自动化、信息化和智能化生产转变，我国智能制造装备行业市场将保持持续增长。

（2）市场规模预测

智能制造装备产业是指通过数字化、网络化、智能化和自动化等信息技术手段，实现生产制造过程全面信息化和自动化的装备产业。随着信息技术的发展和应用，智能制造装备产业以惊人的速度发展，成为推动制造业转型升级、提高产业智慧化水平的重要力量。中国智能制造装备行业是中国经济发展的重要组成部分，从 2005 年以来，中国智能制造装备行业的发展一直处于快速增长状态，市场规模也不断攀升。2022 年，中国智能制造装备行业的市场规模达到了 2.68 万亿元，同比增长 10.74%，较上一年增长了 0.26 万亿元。下面针对智能制造装备产业的发展态势进行分析。

第一，发展迅猛，规模不断扩大。智能制造装备产业是当前国家发展战略中的重点领域，得到政府大力支持和推动。据不完全统计，目前我国智能制造装备领域的产值已经达到千亿级别，市场份额也不断扩大。预计到 2025 年，中国智能制造装备市场规模将达到 7000 亿以上，相当于年增长率达到 15% 以上，这表明未来在智能制造装备产业上具备巨大的发展潜力。

第二，技术不断创新，高端产品逐步占据市场。随着技术的创新和完善，智能制造装备技术越来越成熟，更多的生产线实现了全自动化和数字化控制，一些高端的智能制造装备已经具备与国外同类产品相媲美的技术水平。例如：机器视觉技术已经应用于复杂机床的机床轮廓测量和轴向误差测量中；新一代汽车工厂往往是自动化和数字化的；工业机器人的制造水平也越来越高，具备更广泛的应用。

第三，智能制造装备行业呈现两极分化现象。随着技术进步和市场竞争增强，智能制造装备行业呈现出两极分化现象。部分大型企业具备一定的规模、技术实力和资源，逐渐形成了行业龙头，并通过技术创新和品牌优势，逐渐占据市场份额；而一些中小企业则面临市场竞争的压力，很难在价格和技术上与大企业抗衡。智能制造装备市场化格局渐趋明显，领先企业逐渐崛起，市场份额逐渐扩大。随着人工智能技术的不断发展，智能制造装备领域也将势如破竹。在制造业中，利用人工智能技术优化生产流程和资源配置，可以提高效率、节省成本，并大力推进智能化制造。例如，工业机器人领域的人工智能技术，能够使机器人的操作更加高效，具有更强的自主决策能力。人工智能技术的应用不断推动智能制造装备产业的进一步发展，为其提供了新的发展空间。

总之，中国智能制造装备行业的市场规模及未来发展趋势十分乐观，未来几年将继续保持快速增长的趋势。不仅会带动中国经济发展，还将推动国内智能制造装备行业的技术改进，以适应市场需求，助力中国制造业的发展。

二、需求趋势分析

（1）应用端发展分析

①高档数控机床与工业机器人

数控机床被誉为“工业母机”，代表着一个国家制造业的整体发展水平。与发达国家相比我国数控机床设计和制造技术相对落后，机床的加工和水平与世界一流水平还有一定差距。以多轴加工中心为例，美、日、德三国的高速加工中心主轴转速可达 30000r/min，进给速度可达 100m/min，我国高速加工中心的加工能力还远达不到该水平。数控双主轴车铣磨复合加工机床、复杂曲面数控磨床、复杂结构件机器人数控加工中心在我国还处于空白，数控系统的研发也滞后于装备制造业发达国家。目前，西门子、FANUC、DMG 系统已经抢占了我国 90% 以上的市场。

机器人也同样面临尴尬的境地，虽然我国现在是机器人需求量和销售量最多的国家，但和国际同行相比，技术差距依旧明显。尤其是焊接喷涂这些领域，主要依赖从日本、瑞典、德国、意大利、美国进口，国产工业机器人应用数量低于 10%。归根结底，我国工业机器人的关键核心技术尚未掌握，这将是我国智能制造业发展面临的一个难题，

②航空航天装备

机器人技术已在飞机大型零部件的自动钻铆、激光焊接、表面材料涂覆、复合材料加工、自动化装配等方面得到较广泛应用，并已开始显现效益。在飞机装配方面，如波音公司通过以机器人技术为核心的自动化装配站、脉动式生产线、移动生产等飞机总装技术，使波音 777 飞机的研制周期缩短 50%，出错返工率减少 75%，成本降低 25%。我国的机器人技术在航空制造业中的应用才刚刚起步，如飞机装配以手动为主，采用刚性工装定位、手工制孔连接、基于模拟量传递的互换协调检验方法和分散的手工作坊式生产，装配效率和质量相对较低，而且很多关键制造工艺设备处于依赖国外进口、成本高或国外技术封锁状态。

③智能冶金装备

发达国家冶金装备数字化、网络化、智能化已经达到相当高的水平，与发达

国家相比我国冶金装备在智能化方面还存在很大差距。大部分企业还处于由自动化向智能化发展的初级阶段，一些企业甚至连基本的装备自动化都没有完成。重大装备所用的仪器仪表基本被国外垄断，对外依存度高。智能装备整机和成套设备配套的关键零部件、元器件主要依靠进口。

国内大多大型冶金设备（高炉、转炉、电弧炉、平炉、冶金炉、炉外精炼装备、连铸设备、铸锻设备、成型设备等）大多没有信息监测和故障诊断系统，即便是引进设备也多处在离线监测状态，设备运行存在安全隐患，利用数字化、网络化、智能化技术研制和装备监测智能设备势在必行。

④智能焊接装备

历经多年的发展，我国的焊接生产技术水平有了很大地提高，但是存在的问题也不容忽视。我国焊接生产中应用的关键焊接材料、焊接设备严重依赖进口，具有我国自主知识产权的关键技术与产品不多，而且总体研发创新水平和效率都不高。国产焊接设备与发达国家同类产品相比，还存在着性能和技术的不足。在新型焊接材料的开发与生产、激光焊接与切割加工装备的开发与生产、焊接机器人工作站的开发与生产、数字化焊接装备的开发与生产、新型摩擦焊接装备的开发与生产等领域还没有产业化基地，主要依靠进口。

⑤智能改造

由于人口红利的消失、劳动力成本的上升以及用户需求的定制化和多样化，企业生产的智能化和自动化已经成为企业发展的重要途径，因此，智能系统解决方案的市场需求非常广阔。一些知名企业纷纷投入行业智能系统解决方案领域：鼎捷软件凭借多年 ERP 服务经验为大型或超大型企业提供系统解决方案；新松机器人依托装配型搬运机器人领域的优势，为用户提供智能化立体仓库建设方案；阿里推出“淘工厂”业务，提供 O2O 式智能制造解决方案；华为结合自身 ICT 基础设施优势，打造智能工厂物联网解决方案。《智能制造“十三五”发展规划》将智能制造系统解决方案列入十大重点任务，培育形成 40 家以上主营业务收入超 10 亿元的智能制造系统解决方案供应商。由于我国离散制造领域的智能制造水平较低，离散型智能制造系统解决方案需求缺口较大，关键技术有：车间 / 工厂总体设计、工艺流程及布局数字化建模、车间 / 工厂互联互通网络架构与信息模型、产品数字化三维设计与工艺仿真、产品数据管理系统、制造过程现场数据采集与可视化、现场数据与生产管理软件信息集成、车间/工厂制造执行系统、产品全生命周期管理、企业资源计划、系统高效协同与集成、数据分析与优化。

（2）需求端发展分析

智能制造装备是具有感知、分析、推理、决策、控制功能的制造装备，是先进制造技术、信息技术和智能技术的集成和深度融合。作为高端装备制造业的重点发展方向和信息化与工业化深度融合的重要体现，大力培育和发展智能制造装备产业，对于加快制造业转型升级，提升生产效率、技术水平和产品质量，降低能源资源消耗，实现制造过程的智能化和绿色化发展具有重要意义。

随着我国经济发展，智能制造装备行业取得了一定的成就，重点产品有所突破，如在精密高速加工中心、重型数控镗铣床等方面有所突破。同时，形成了一批具有国际竞争力的龙头企业，沈阳机床、大连机床两个集团的年销售收入均超过百亿，进入世界机床产业前10强。同时涌现出重庆川仪、京仪集团、浙江中控和利时、新松机器人、三一重工、中联重科、瓦轴集团、沈鼓集团等一批具有国际竞争力的龙头企业，以及聚光科技、天瑞仪器、威尔泰等各具特色的智能制造装备企业。我国智能制造装备行业在发展的同时也逐渐暴露出不足，与发达国家相比存在较大的差距：企业规模小，竞争力弱；产业基础薄弱，缺乏行业内的配套支持。自动化和智能化是智能制造装备的重要发展趋势，主要表现为智能制造装备能根据用户要求完成制造过程的自动化，并对制造对象和制造环境具有高度适应性，实现制造过程的优化。

随着我国人力成本的上涨和人口老龄化的发展、国家的大力支持等多方面的推动，下游市场对智能制造装备的需求增加，我国智能制造装备行业需求端前景广阔。

（3）供需平衡分析

我国装备制造业的发展经历了一个从无序到有序、从低端到高端、从短缺到基本满足国内需求的过程，总体上呈现出供需基本平衡、产品质量稳步提高、部分领域出口增加的良好态势，但我国装备制造业整体发展水平与发达国家相比仍存在较大差距，主要体现在：

①行业集中度较低

从国内装备制造业市场竞争格局来看，目前市场上装备制造业数量众多，但大部分企业规模较小、实力不强，行业集中度低。根据中国机械工业联合会统计数据，截至 2022 年底，我国装备制造业企业数量为 5.8 万家左右，其中主营业务收入超亿元的企业仅有 687 家。我国装备制造业市场集中度低，不仅造成了产能过剩，还造成了资源浪费，供需不均衡。

②高端产品和核心技术依赖进口

在高端装备方面，目前我国高端装备的产量和质量与发达国家相比仍有较大差距。以重型机械为例，我国大型挖掘机、起重机等产品产量占世界总量的 90% 以上，但核心技术和关键部件仍受制于人，我国还没有完全掌握重型机械的设计和制造技术。

③产业结构不合理

我国装备制造业分布广、行业多、企业小，产业结构不合理，产业链短且缺乏竞争力。大部分是以引进和消化国外技术为基础，自主研发的产品少，具有自主知识产权的产品更少，生产规模远低于日本、韩国、美国等国家。

第三章 人工智能背景下湖南装备制造业发展现状

第一节 湖南装备制造业的有利要素支撑

一、系列政策支持

装备制造业是为国民经济各部门提供技术装备的战略性、基础性产业，是湖南打造国家重要先进制造业高地、建设世界级产业集群的“主力军”和“主阵地”。整个“十三五”期间，全省装备制造业规模企业营业收入和利润年均增速分别达到9.85%和11.8%，利润增速高于营业收入增速。2020年，装备制造业规模企业营业收入和利润总额分别占全省规模工业的34.9%和41.8%，分别比2015年提高4.8和10.5个百分点。“十三五”期间湖南装备制造业实现了既有速度又有质量的发展，对全省工业的支撑能力不断增强。湖南装备制造业在取得成绩的同时也面临发展不平衡、不充分以及配套基础薄弱、创新链建设滞后、人才短缺等问题。

当前，装备制造业正朝着产业技术高端化、制造服务一体化、产业组织集群化、装备产品绿色化的“四化”方向发展。湖南装备制造业面临科技革命催生新动能、全面建设社会主义现代化国家、全面落实“三高四新”战略定位和使命任务的发展机遇，同时也面临世界经济形势空前严峻、国内发展环境深刻变化、行业自身转型升级任务繁重等诸多挑战。为加快推进湖南省装备制造业高质量发展，根据《湖南省国民经济和社会发展第十四个五年规划和二〇三五年远景目标纲要》《湖南省打造国家重要先进制造业高地“十四五”发展规划——湖南省制造强省建设“十四五”发展规划》总体部署，编制了《湖南省装备制造业“十四五”发展规划》（下简称《规划》）。

《规划》提出以习近平新时代中国特色社会主义思想为指导，全面贯彻党的十九大和十九届历次全会精神、省第十二次党代会精神，深入落实习近平总书记对湖南工作系列重要指示，特别是考察湖南重要讲话精神，以打造国家重要先进制造业高地为目标，以推动装备制造业高质量发展为主题，以创新为第一动力，以智能化、绿色化、服务化为主攻方向，以高技术、高品质、高附加值和安全自主可控为发展导向，坚持质量第一、效益优先，着力构建湖南省装备制造业发展新优势，为全面落实“三高四新”战略定位和使命任务、奋力建设现代化新湖南提供坚强支撑和强劲动能。

《规划》提出到2025年，规模企业营业收入达到2万亿元（年均增长8.3%），湖南建设成为中部领先、国内一流、具有较强国际竞争力和影响力的国家重要先进装备制造业高地；装备制造业自主创新、质量效益、融合发展、绿色发展和开放合作水平大幅提升，成为湖南省打造“三个高地”践行“四新使命”的重要支撑。总目标以外，《规划》还从规模效益稳步提升、创新能力明显增强、转型升级成效显著、集聚水平明显提高四个方面提出了分目标。

《规划》提出了“十四五”湖南省装备制造业发展的重点领域、重点产品。一是巩固提升五大优势技术装备，即高端工程机械、先进轨道交通装备、中小航空发动机及航空航天装备、新能源电力装备、新能源与智能网联汽车。二是做优做强五大新兴技术装备，即环保技术装备、智能制造装备、智能化农机技术装备、智能矿山技术装备和特种技术装备。三是培育发展四大未来技术装备，即大型文化旅游技术装备、智能化高端医疗技术装备、智慧化城市建设技术装备和深空深海极地技术装备。

《规划》提出围绕打造国家重要先进制造业高地目标，坚持问题导向，统筹谋划，精准施策，着力抓好八大任务。一是全面提升产业创新能力，加强关键核心技术攻关、强化企业创新主体作用、加快建立完善创新体系等；二是推进装备产业基础高级化，加强共性技术研究、开展核心基础零部件攻关、加快发展装备工控软件、建设工艺协作配套服务体系等；三是提升产业链现代化水平，巩固优势锻长板、集中资源补短板、推进产业协同创新等；四是持续推进产业转型升级，推进产业数智化转型、绿色化制造、服务化发展等；五是推动产业集群集聚发展，梯度培育装备制造业产业集群、建设先进装备示范基地、提升集群综合承载能力、构建现代产业生态等；六是促进市场主体融通发展，培育一批装备制造业领航企业、支持“专精特新”企业高质量发展、推动大中小企业融通发展等；七是提高开放合作水平，加快外贸结构优化与升级、深度参与国际产业链重构、搭建国际交流合作平台等；八是加强多层次人才队伍建设，引进培育高端创新人才、提升企业经营管理人才素质、培育新时代技术工匠等。

《规划》还以专栏形式提出实施八项行动，即装备制造业技术创新能力提升行动、装备制造业工业基础再造行动、现代装备产业体系建设行动、装备制造业转型升级行动、推动产业集群集聚发展行动、装备制造业市场主体培育行动、装备制造业抱团结伴出海创新行动和装备产业高端人才培育行动。

二、历史产业基础

经过多年发展，湖南有打造国家重要先进制造业高地的基础、条件、优势，但也存在一些不容忽视的短板。与广东、江苏等制造业发达省份横向对比，湖南省打造国家重要先进制造业高地的条件与差距集中体现在以下四个方面：

第一，三大产业集群优势明显，但制造业总体规模偏小。湖南是全国最大的工程机械产业基地、全国最大的轨道交通装备研发制造基地以及航空航天制造重要省份。但是，从制造业总体规模看，2019 年湖南工业增加值为 11630.55 亿元，排全国第 9，分别为广东的 29.5% 和江苏的 30.7%。湖南只拥有 3 个万亿级产业集群，而江苏拥有 6 个规模均居全国第一的万亿级产业集群，广东则拥有 10 个超万亿或准万亿产业集群[①]。

第二，龙头企业领先全球，但“专精特新”企业数量偏少。三一集团、中联重科进入全球前十强；铁建重工、山河智能进入全球工程机械制造商五十强；中国中车连续十年位居全球行业第一；中车株机、中车株所是国内前五强的轨道交通装备制造业；衡阳特变电工是中国输变电行业的龙头企业，变压器产量及营收位居中国第一、世界第三。但是，湖南制造业中“隐形冠军”“独角兽”“瞪羚”等“专精特新”企业数量相对较少。根据工业和信息化部发布的 2020 年全国制造业隐形冠军企业名单，湖南只有 12 家，排名全国第 12 位，数量远远落后于浙

① 数据来源：湖南省社会科学院。

江（101家）、山东（97家）、江苏（73家）、广东（34家），也落后于中部地区的安徽（18家）、河南（18家）、湖北（18家）[①]。

第三，教育科技资源比较丰富，但科创竞争力有待增强。湖南是科教大省，有普通高等学校125所，年毕业人数36.19万人，均列全国第7。2019年企业研发经费593.15亿元，位列全国第7。但是，2019年湖南规模以上企业研发投入仅相当于广东、江苏的四分之一，也不到浙江、山东的一半。近10年，全省基础研究投入比重为2.8%～3.5%，远低于全国5%的平均水平，即使全国领先的工程机械行业在共性技术研究方面也明显匮乏，严重制约行业进一步发展[②]。

第四，营商环境持续改善，但精准扶持有待加强。湖南省"放管服"改革成效显著，政务服务便利化不断提高，企业普遍认同湖南政务环境和营商环境。但是，一方面，随着制造业智能化、数字化快速发展，一些地方政府还没有及时转变观念，仍然固守传统思路办法、政策举措，难以适应先进制造业发展新要求，往往事与愿违、事倍功半；另一方面，湖南制造业发展的要素成本偏高，如工业用电价格比周边的湖北、贵州、江西、云南高出不少。

三、热点业态集中布局

从产业布局看，湖南省通过实施产业集群发展战略，以三一重工、中联重科、蓝思科技、中车株机等龙头企业带动产业链的发展，初步形成机械工程、电子信息、轨道交通、电工电气和汽车为主导的五大优势产业集群。其中，形成了以长沙为中心的工程机械产业集群和电子信息产业集群，以株洲为中心的轨道交通产业集群，以长沙和湘潭为中心的汽车产业集群。从区域结构看，湖南装备制造业集中在长株潭以及衡阳地区。长沙、株洲、湘潭、衡阳四个市装备制造业的企业数占全省规模以上工业装备制造业的57.7%，其中，长沙763家，占25.0%，株洲348家，占11.4%，湘潭370家，占12.1%，衡阳277家，占9.1%；共实现主营业务收入7029.30亿元，占全省装备制造业的72.2%，四个市分别完成3957.05亿元、1109.49亿元、1205.90亿元和756.85亿元，分别占40.7%、11.4%、12.4%和7.8%；资产总计达6047.16亿元，占全省装备制造业的81.7%，这四个市分别为3924.58

① 数据来源：湖南日报。

② 数据来源：湖南日报。

亿元、1058.61 亿元、752.79 亿元和 311.19 亿元，分别占 53.0%、14.3%、10.2% 和 4.2%[①]（见图 3.1）。

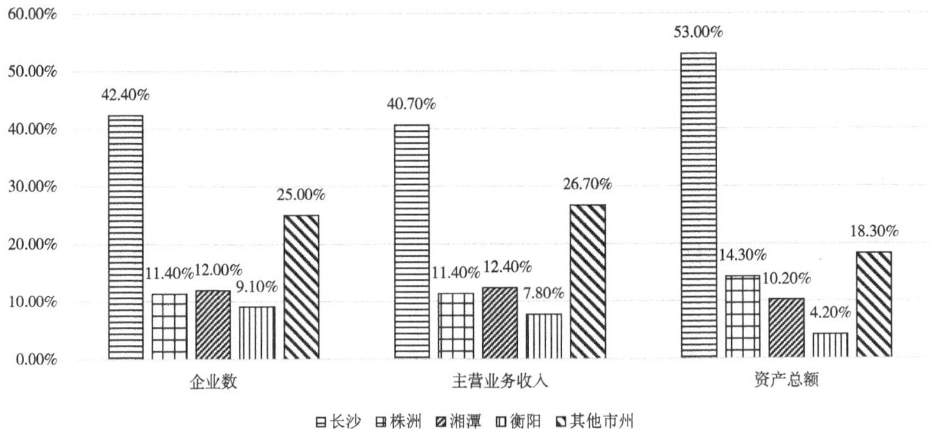

图 3.1 湖南省装备制造业分地区经济指标占比

当前，全省装备制造业已经涵盖工程机械、电工电器、汽车制造、电子元器件及其设备制造等 20 个子行业。其中，工程机械行业已成为全省规模以上工业的支柱行业。

第二节 湖南装备制造业的竞争结构

一、行业竞争力关键因素分析

（1）生产要素条件分析

生产要素是指一个国家在特定产业竞争中有关生产方面的表现，生产要素可以分为初级要素和高级要素。初级要素是被动继承的，包括自然资源、气候、地理位置、非技术工人等。初级要素来源广泛，由初级要素获得的竞争优势难以持久，且随着科技的发展，对初级要素的需求日趋减少。高级要素包括现代化通信基础设施、高素质人才、大学科研院所等。高级要素往往需要持续地进行人力、物质

① 数据来源：湖南省人民政府门户网。

资本投资才能获得，对竞争优势的获得和保持具有越来越重要的意义，在国际和国内竞争中扮演着十分重要的角色。如何开发和更新高级要素已经成为提升产业竞争力的决定条件。

湖南自然资源丰富，人口众多，装备制造业发展所需的初级要素较充足，但资本、高级人才、技术等高级要素明显不足。装备制造业是资本密集型、技术密集型产业，高级要素的相对紧缺制约了湖南装备制造业竞争优势的形成。

（2）市场需求条件分析

湖南制造业的市场需求条件是影响其竞争力的关键因素之一。随着全球经济一体化和国内经济的快速发展，湖南制造业面临着日益激烈的市场竞争环境，因此深入分析市场需求条件对于提升其竞争力具有重要意义。

首先，从市场规模来看，湖南制造业的市场需求呈现出稳步增长的趋势。这主要得益于国内外市场的不断拓展和消费升级的推动。随着居民收入水平的提高和消费观念的转变，消费者对高品质、高性能的产品需求不断增加，为湖南制造业提供了广阔的市场空间。

其次，市场需求结构的变化也是影响湖南制造业竞争力的重要因素。近年来，随着科技的进步和产业的升级，消费者对智能化、绿色化、个性化的产品需求日益旺盛。湖南制造业需要紧跟市场趋势，加大研发投入，推出符合市场需求的新产品，以满足消费者的多样化需求。

此外，国内外市场的竞争态势也对湖南制造业的市场需求条件产生了深远影响。一方面，国内制造业竞争激烈，湖南制造业需要在品质、价格、服务等方面形成差异化竞争优势，以吸引更多消费者；另一方面，国际市场上的竞争也日益激烈，湖南制造业需要积极应对国际贸易壁垒和市场准入限制，提升产品国际竞争力，拓展海外市场。

（3）相关及支持产业分析

关联产业表现主要是指原材料、零部件等上下游产业及其他相关产业的发展水平。该因素考察特定产业的相关产业和支持产业是否具有产业竞争力。波特认为，一群在地理上相互靠近的、在技术和人才上相互支持的、具有国际竞争力的相关产业和支持产业所形成的产业链，是产业形成竞争优势的重要来源。湖南省制造业行业地理上的相对集中，加剧了同业间的竞争，企业能够快速学习，促进创新观念的交流，产业集群内相关产业及支持产业在竞争优势方面具有明显的相互“提携”效用。

（4）企业战略结构及竞争分析

企业的目标、战略和组织结构往往因产业和国情的差异而不同，国家竞争优势就是各种差异条件的最佳组合。市场化程度越高，公司的所有权结构和治理结构越简单明了、经济合理，公司目标越容易实现，企业战略也越有效。产业内有效的竞争也是提升竞争力的条件之一，垄断或完全竞争的市场结构对产业竞争优势的形成不利。湖南装备制造业产业结构和产业组织发展主要呈现以下特征：

第一，门类齐全，形成了一批有影响的企业。湖南装备制造业门类齐全，按通行分类方法，有汽车、工程机械、电工电器、石化、通用机械、重型矿山机械、机械基础件等 11 大类。其中，汽车及零部件、工程机械、电站及输变电成套设备、轨道交通设备 4 个行业最具区位优势和特色，均已列入湖南省优势产业发展规划。

第二，规模经济水平较低，中心企业规模不大。湖南装备制造业平均总产值大大低于全国平均水平，湖南省虽有较多全国知名企业，但与国内同行业的大型企业相比，湖南装备制造业的中心企业没有明显优势。

第三，企业间竞争有余而合作不足。湖南的装备制造业具有较强活力和潜力，但行业内企业间竞争有余而合作不足，使得湖南装备制造业的许多行业陷入无序竞争状态。以长沙工程机械行业为例，业界将长沙的中联重科、三一重工、湘潭江麓（也被视为长沙工程机械产业圈）、山河智能称为长沙工程机械“四条龙”。国内其他装备制造业的基地都是以中心城市的一个大企业为核心、众多中小企业围绕核心企业提供配套或服务而形成的，整个基地具有一种向心力；而长沙工程机械基地却是多足鼎立，企业产品结构趋同，人才和价格竞争十分激烈，重复建设导致资源浪费，严重影响了行业的持续发展。

第四，深受浓郁湖湘文化影响。社会环境会影响企业的管理和竞争形式，不同企业的管理模式会显现出其地方文化的特色。湖南古属楚地，三面环山，一面临水，独特的自然环境塑造了独具魅力的地区文化。湖湘文化融合了楚文化因子，闪现着三湘四水的灵动与多彩。近代历史上“湘军”的骁勇善战，妇孺皆知，因而出现了“无湘不成军”的民谚，不屈不挠的斗争精神以及脚踏实地的务实作风，使得湖南人在近代中国历史上取得了无可替代的地位。改革开放以后，身处中国内陆地区的湖南，在传统文化与现代文明的相互激荡中，焕发出新的活力，各行各业在原有基础相当落后的情况下表现出强烈的扩张欲望。如湖南传媒产业随中国传媒业的兴起，一次次掀起收视狂潮、不断创造中国传媒神话。此外，还出现了“动漫湘军”“建筑湘军”等快速发展、颇具竞争力的产业。企业的领导人尤其是创办人，他的个性、价值观在很大程度上决定了企业的文化。许多深受湖湘文化潜移默化影响的湖南企业家，将湖湘文化中“心忧天下的社会责任感、敢为人先的冒险精神、锲而不舍的坚韧执着、兼容并蓄的开放态度”的精髓融入企业文化中，构成其核心价值观，推动了企业和产业的快速成长。

二、行业竞争力辅助因素分析

（1）政府因素分析

政府行为可通过其政策影响上述四个关键因素，从而对区域产业竞争力产生深远影响。这些政策包括：投资与补贴、政府购买、税收、法规与标准、产业规制等。例如，政府的补贴、教育和资金市场等政策会影响到生产要素供给，政府制定新的产品规格标准将会导致客户需求状态的变化，规范媒体广告形式或产品销售活动的政策会改变上游和相关产业环境，金融市场规范、税制或反托拉斯法等政策工具的使用会影响企业的结构、战略和竞争者的形态。政府合适的角色应当是市场竞争的催化剂与挑战者，政府应当鼓励或者推动公司达到较高的竞争水平。政府不可能通过其政策扶持创建出竞争性产业，但可以创造环境，使得一个公司能够获取竞争优势的环境。

改革开放以来，我国政府在政策上对装备制造业进行了一系列调整，改善了装备制造业的发展环境。在装备制造业发展中的作为主要体现在以下几个方面：

第一，提出装备制造业振兴计划，营造良好的政策环境。为加快我国装备制造业的振兴，政府在国家“十四五”规划纲要中对加快发展装备制造业提出了明确要求，进一步明确了振兴装备制造业的目标、原则、任务和政策。湖南省也出台了《湖南省进一步加强招商引资工作的若干政策措施》提高招商引资质量和水平，打造内陆地区改革开放的高地，在构建以国内大循环为主体、国内国际双循环相互促进的新发展格局中展现新作为，将智能制造业作为引资的重点产业。

第二，加强科技支撑，调整装备制造业产品结构，努力提升全行业的制造水平。对关系经济社会发展大局、企业难以独立完成的重大技术装备，组织科研攻关；鼓励企业与科研院所、大专院校广泛开展研发合作，加快科技成果产业化；以信息技术促进装备制造业的产品升级。

第三，推动企业改革重组，优化组织结构，培育具有国际竞争力的大型装备制造业和工程公司。如湖南省推动衡阳现代集团破产改制并入新疆特变电工，创造联合平台促成中联重科并购浦沅等等。

第四，完善配套环境，促进产业集群的发展。产业集群是装备制造业发展的必由之路。近几年，湖南省将已具有产业集群雏形的汽车及零部件产业、工程机械制造业、电站及输变电成套设备制造业、轨道交通设备制造业 4 个行业列入湖南省优势产业发展规划，积极引进配套企业，提高优势企业的本地配套率。

当然，政府的某些行为也可能成为装备制造业发展的障碍。主要表现在三个方面：一是条块分割的企业和科技管理体制将湖南省装备制造业的各个环节割裂开来，影响了装备制造业整体创新能力的提高；二是受“夕阳产业”思想影响而制定的产业政策，曾使湖南省装备制造业失去了许多发展机会；三是政府曾存在的重视招商引资而轻视产业配套、重视扶植单个大型企业（特别是国有大型企业）而忽视培育产业链的倾向和做法，使湖南省装备制造业发展遭遇了配套瓶颈。

（2）机遇因素分析

机遇是那些超出企业控制范围的突发事件，如技术的重大创新、石油危机、战争、外部政治变化、国外市场的转变等。机遇可以打破现存的竞争环境、竞争秩序，创造出“竞争断层”，解散或重塑产业结构，为竞争力弱的国家和地区提供后来居上的机会。湖南装备制造业主要面临如下两方面机遇：

第一，国际产业结构调整、制造业产业转移的趋势依然明显。经济的全球化趋势使得各国之间的经济依存度日益提高，国际贸易大幅度增长。一方面，发达国家由于劳动力成本不断上涨，不得不放弃大批传统产业，向发展中国家转移，以便致力于高科技、金融、服务行业的发展；另一方面，发展中国家将本国的工业能力化作低成本的商品，外销欧美经济发达国家，扣除运费以后开始盈利，形成原始积累，随后日渐发展进步，甚至还有能力与经济发达国家竞争。以装备制造业为核心的制造业是当前我国最具比较优势的产业，湖南省装备制造业应抓住国际产业结构调整的机遇，积极承接发达国家的产业转移，学习并掌握国外先进技术和管理，提升整个产业的竞争力。

第二，新型工业化道路和重大技术装备国产化开拓出巨大的国内市场。装备制造业是国家综合经济实力和科技水平的标志，关系到国民经济命脉和国家安全。我国装备制造业现有技术水平和能力，远远不能满足国家经济建设对重点产品、高尖端产品的巨大需求。近年来，我国每年进口机械产品在千亿美元以上，光纤制造设备和 60 万千瓦发电机的控制设备几乎 100% 靠进口，石油化工设备 80% 靠进口，轿车制造设备和数控机床 70% 靠进口①。要改变这种状况，必须大力发展民族装备制造业，推进重大技术装备国产化。湖南装备制造业可以拥有更广阔的市场空间，应该争取更大作为。

（3）区位因素分析

产业发展区位优势的有无及强弱是由这个国家或地区具有的特定区位因素所决定的。一个国家或地区的区位因素可以分为由某些不可移动或难以改变的要素禀赋所决定的区位因素（如自然资源、地理位置和人口规模等），以及具有一定可变性的区位因素，（如劳工成本、资本存量、技术水平、市场规模、基础设施、外贸和税收政策乃至政治经济制度等），后一类区位因素中与劳动力素质、科学技术水平等相关的知识内涵性因素是通过大量的投入和长期的培育，特别是知识的积累而创造出来的。区位优势主要是通过位置、交通、通信等综合作用发挥出来。从动态看，新经济背景下，伴随信息网络化和经济全球化，位置因素的影响作用有所下降，但交通与通信，尤其是干线和远程通信的作用明显增强；从静态看，区位因素的优劣直接影响区域投资环境的好坏，进而影响区域产业竞争力的形成与演变。区位因素主要通过影响生产要素的流动而作用于产业竞争力。位置优越，交通便利，信息灵通，既直接为产业的发展提供了良好的基础条件，也间接影响其他生产要素的流动，从而为产业发展的要素优化提供便利。

湖南的交通优势非常明显。湖南地处中国中部，连接南北，贯通东西，自古以来就是“兵家必争之地”，现在又是国家中部崛起战略的重要实施省份。湖南现已形成铁路、公路、航空、航运等立体交通网络，为湖南连接“泛珠三角”经济带和沿（长）江产业带创造了条件。湖南交通通达性极强，全国交通通信的主

---

① 数据来源：中国科技财富。

干线在境内纵横交会，通江达海，维系四方。2023年，湖南全年完成交通投资988.3亿元。水运建设方面，湘江二级航道二期工程竣工验收，近尾洲二线船闸建成投产，石澧航道等14个水运项目进展顺利，怀化国际陆港加快建设。2023年，湖南客货运输持续回暖，全年完成公路水路客运量2.9亿人、旅客周转量174.6亿人公里，同比增长3%、17.7%；完成货运量22.3亿吨、货物周转量2021.5亿吨公里，同比增长7.2%、5.5%；集装箱吞吐量达148万标箱，同比增长19.6%。怀化“公铁水”联运荣获“国家多式联运示范工程”，长沙新港铁路专用线建成投产，全省集装箱铁水联运增长73.3%。2024年，湖南省计划完成交通投资840亿元以上。内河水运新开工港口项目2个，新增3000吨级泊位4个，新开工资水桃花江航电枢纽工程，推进长沙至城陵矶一级航道等在建项目建设。打造水路旅游客运精品航线，建成便民交通码头80处。着力打造交通运输发展新动能，加快智慧高速、智慧港口、智慧码头等新型基础设施建设。做好船舶污染物“应收尽收”，实现危化品船舶洗舱“应洗尽洗”。加快船舶岸电推广使用，力争完成600总吨以上船舶受电设施改造。构建交通强国建设湖南篇章评价指标和政策支撑体系，深入推进港航整合和发展等12项省级试点。全力保障现代产业体系和区域协调发展，推动涟水复航；发挥岳阳通江达海优势；支持湘南地区打造多式联运样板区。积极推动物流提质降本增效，促进铁路专用线“进港区、进园区、进厂区”；推进多式联运“一单制”“一箱制”；加快长沙国际航空港综合枢纽、岳阳江海联运等项目建设；支持衡阳“公铁水”多式联运等示范工程、怀化国际陆港等集疏运体系建设。

湖南具有明显的地缘优势，南接广东，毗邻港澳，是珠江三角洲向内地交叉辐射的重点区域。随着《泛珠三角区域合作框架协议》的签订及实施，湖南同珠三角地区的联系更趋密切。珠三角地区由于成本升高，土地资源消耗殆尽，急需进行产业转移。湖南资源丰富，但面临传统产业竞争力下降、规模化经营水平不高、经济外向度低等困境，因此，湖南与珠三角地区在资源、产业、市场、人才等方面具有较强的互补性，湖南承接粤港澳地区产业转移具有优势。随着国家中部崛起战略的实施，湖南将极有可能成为中部开发建设的中枢地带，进而成为全国新一轮经济发展的重要增长点。

第三节　湖南装备制造业智能化转型的工作模块

一、湖南智能装备制造业预期系统组成

湖南省委省政府高度重视智能制造产业发展，制定了一批文件政策，组织了一系列推进活动。在流程制造、离散制造、智能装备和产品、智能化管理、智能化服务等领域实施了智能制造试点示范及应用推广，建设形成了一批智能化工厂、智能化车间、智能化生产线及智能化运营新模式，有效促进了全省智能制造产业的发展。以高档数控机床、工业机器人、增材制造为代表的智能装备，以新型传感器、智能测量仪表和工业控制系统为代表的智能核心装置，以及以智能化轨道交通装备、智能化工程机械、智能化电力设备等为代表的智能产品得到快速发展。智能装备的先进生产工艺在重点行业不断创新，机械、汽车、船舶等行业基础制造装备的数字化、智能化、网络化改造步伐加快，钢铁、石化、有色等行业加快普及先进的过程控制和制造执行系统，关键工艺流程数字化率不断提高。据工业和信息化部发布的数据，2022 年，湖南省信息化与工业化“两化融合”发展综合指数为 82.22，位居全国第十，比全国平均水平高 9.54。湖南高技术产业增加值增长 17.8%，高新技术产品出口实现逆势增长 54%。智能制造工程的前期实践，有效促进了湖南省工业的结构调整和转型升级，同时也为下一步加快发展打下了良好基础。

二、互联网

2022 年以来，在《湖南省人民政府关于持续推动移动互联网产业高质量发展加快做强做大数字产业的若干意见》（湘政办发〔2020〕47 号）政策引导下，湖南省移动互联网产业保持较快增长。2023 年上半年，全省移动互联网企业实现营业收入 1337 亿元，同比增长 18.5%。

湖南省政府出台《湖南省算力支撑能力提升行动方案（2022—2025 年）》，全面夯实数字经济发展的算力支撑能力。长沙国家级互联网骨干直联点建设加快

推进，2022 年 9 月正式启动运营。国家超级计算长沙中心改造升级，10 月完成 200P 新一代超级计算机系统建设。2024 年上半年，全省新建 5G 基站 2.2 万个，累计建成 5G 基站 16 万个，县级及以上行政区主城区全部实现 5G 网络覆盖，行政村光纤和 4G 网络覆盖率达 100%。截止 2024 年 1 月全省建成和在建规模以上（100 个以上机架）数据中心共计 51 个，标准机架 11.8 万架。2024 年“数字新基建”100 个标志性项目加快建设，涵盖 5G、工业互联网、大数据、人工智能、物联网以及区块链等方向，形成重点项目为牵引推动经济社会各领域数字化转型。第三批湖南省“5G+ 工业互联网”示范工厂发布，代表湖南省 5G 与工业互联网融合叠加、互促共进、倍增发展的样板。

2022 年上半年，纳入调度范围的 96 家省移动互联网重点企业实现营业收入 342.6 亿元，同比增长 16.5%；实现利润总额 24.1 亿元，同比减少 13.4%；吸纳就业人数 91,280 人，同比增长 15%。社区电商龙头企业兴盛优选新零售平台上半年实现营业收入近 3 亿元，同比增长近 40%。中移电子商务的和包支付用户数稳居行业前五，上半年实现营业收入 1.6 亿元，同比增长近 20%。大汉电商上半年实现营业收入 19.6 亿元，同比增长 78%。

首批 20 个首版次软件产品和 35 个软件产业关键技术产品攻关项目发布，聚焦制造、交通、医疗、教育等数字湖南建设十大重点应用场景，涵盖基础软件、工业软件、新兴软件、重点行业应用软件、嵌入式软件等关键软件领域。麒麟信安“国产自主工业软件——国产操作系统”、迈曦软件“国产自主工业软件（工业 CAE 软件）”2 个项目入选先进制造业关键产品“揭榜挂帅”项目。拓维信息开发的 AI 收费稽核系统，可智能识别约 30 种高速公路偷逃费行为，单个省份一年下来预估追缴金额可达 1 亿元以上。创智和宇研发的管理平台，支撑医保门诊结算一笔业务从过去平均 3 秒提升到 1 秒，数据管理规模扩大 10 倍以上。麒麟信安操作系统在航天测发控领域各场所大量部署应用，为神舟十四号指挥控制大厅担当了“最强大脑”。精益传动已成为全球三大传动软件供应商之一，成为国内唯一拥有自主知识产权的综合型传动系统设计分析软件，也是国内唯一基于齿轮传动系统二三维建模的大型传动系统分析软件。

制造业数字化转型升级能力持续增强，数字技术对制造业领域的赋能、赋智、赋值作用进一步凸显。威胜信息、衡阳镭目等 18 个省级工业互联网平台公布，全省累计培育省级工业互联网平台44个。中电互联获得“互联网域名注册服务机构”许可证，其“中电云网BachOS工业互联网平台”成为湖南首个国家级跨行业跨领域工业互联网平台，已连接工业设备243万台/套。华自科技投资4亿元建设了全省最大的储能站，通过储能形成可控可调度的电网运营模式。华曙高科深耕金属3D打印及高分子3D打印领域，为更多的企业提供“先进制造模式”，为行业补给更多“产业基础粮食”。中移电商搭建数字人民币统一支付网关，打造的数币支付解决方案广泛应用于内外部生态。

三、大数据

2020年，全省人工智能与大数据产业企业抢抓国家加快部署“新基建”战略机遇，深入推动新一代信息技术在行业的深度应用，加快推动了全省数字产业化、产业数字化进程，人工智能、大数据正在成为经济高质量发展的重要引擎。

2023年，在计算机视觉、人机交互、智能语音等核心板块的带动下，全省人工智能核心产业产值达到189亿元，同比增长24%。人工智能与主营业务相结合的企业数超过4600家，AI在传统行业的应用深度显著增强。全省大数据产业产值达到1250亿元，同比增长13%[①]。

第一，智能应用驱动场景再造。人工智能在制造、医疗、交通、安防、教育等领域加速融合落地，涌现出一批示范性应用场景。中联重科以人工智能、工业互联、数字孪生、智能排产、智慧决策等为支撑，正在加速打造一个全感知、全联结、全场景、全智能的数字制造世界。目前已累计超过100亿小时的工业大数据，为400多个业务场景的分析应用提供支撑，全力构建“看不见的智慧”。长沙长泰智能装备公司的“长泰机器视觉应用平台”项目，通过实施机器人塞头植入系统和标签自动识别系统，为造纸行业自动生产线提供系列视觉技术支持，产线的自动化、智能化水平明显提高。科创信息“基于大数据的人工智能临床辅助决策系统”，综合大型医院临床数据中心分析总结的经验模型与基础医学知识，借助知识图谱管理系统、临床对接与配置管理系统、AI临床辅助决策助手，临床诊疗效率得到有效提高，为医生和患者带来切实便利。

第二，数据挖掘成为共性选择。企业的数据意识明显强化，重视做好数据的

① 数据来源：华声在线

采集、存储、管理、处理、分析、应用等成为共识，企业纷纷加大数字化改造投入。2021 年全省建成和在建规模以上数据中心 42 家，总机架数达到 10.48 万个。其中，超大型数据中心 4 个、大型数据中心 7 个、中型数据中心 31 个。从应用模式看，企业自用数据中心（EDC）和互联网数据中心（IDC）同时并存，且 EDC 数量远多于 IDC，但从长远发展看，企业自用数据中心将逐步转移至更为专业的互联网数据中心。数据中心作为湖南省加快数字产业化、产业数字化的关键基础设施，其应用已涵盖农业、采矿业、制造业、通信行业、电力行业、金融业、医疗卫生等多个领域。特别是随着 5G、工业互联网、人工智能等新一代信息技术与制造业融合加深，湖南省制造业企业数字化转型步伐明显加快，工业数据呈现指数级增长，企业对于数据分析、数据管理、数据存储的业务需求大幅提高，行业骨干企业出于对数据隐私和安全的考虑，自建的制造业数据中心特别是边缘数据中心应用呈快速上升趋势。

第三，关键技术取得新的突破。国防科技大学、中南大学、湖南大学等高校及各类科研平台与省内企业开展深度合作，突出以算法为核心，以数据和硬件为基础，在提升感知识别、知识推理、智能计算、人机交互能力方面取得积极进展。省内部分高校已经新成立人工智能学院，人工智能相关专业设置快速增长，人工智能论文数量和质量都在稳步提升。潇湘大数据研究院研发并上线“数学与企业合作交流平台”，推进数学与工程应用的对接融通，提升数学支撑企业创新发展的能力和水平。长步道光学科技自主研发了全球首台 1.5 亿像素工业镜头，斩获中国机器视觉创新产品金奖，360° 内外壁测量用镜头和新一代半导体、传感器芯片光刻机用镜头均填补了国内空白。威胜信息的配电网故障高精度实时监控技术及应用项目荣获湖南省科学技术进步奖一等奖。长沙融创智胜电子科技自主研发的智能无人值守战场环境传感器项目，采用微震检测技术与目标识别算法，处于国内行业领先水平，告警精准度达 97% 以上。安克创新大力研发设计人工智能语音、AI 图像识别、智能情景交互式计算等当下消费电子行业领域内尖端技术，正在加快成为国际智能品牌领军企业。人和未来启动“基于人工智能的基因大数据超级计算系统”研发，在数据计算和数据解读方面取得突破，显著提高了致病基因的检出效率。

第四，产业生态形成共生共赢。2020 年中国工业与应用数学学会在长沙举办“数学促进企业创新发展论坛”，会上，华为公司发布“后香农时代，面向数学的十大挑战问题”引起轰动。成功举办湖南省第二届人工智能产业创新与应用大赛，一批人工智能标志性创新产品和示范性应用场景脱颖而出。2020 中部（长沙）人工智能产业博览会暨创新发展论坛顺利举行，国内人工智能领域近 400 家企业及专家学者齐聚长沙展示创新成果、分享实践经验。重点项目建设加快推进，43 个新一代人工智能基础设施项目纳入全省“数字新基建”100 个标志性项目（2024）名单。长沙麓谷、株洲云龙、郴州东江湖等全省 12 家大数据产业园保持快速发展势头，形成了产业发展的集群集聚。湖南省区块链产业园（长沙星沙）引进区块链企业 108 家，引入区块链院士专家工作站、区块链安全技术监测中心等高端创新平台。湖南省区块链产业园（娄底万宝）落地实施多个平台，业务拓展至北京、浙江、江苏、重庆等多个省份。湖南省人工智能产业园（长沙天心）发布了人工智能十大应用场景，携手长沙酷哇人工智能及大数据产业技术研究院有限公司建设湖南首个智慧环卫示范区，聚焦人工智能核心和关联企业 286 家。

四、云计算

物联网、区块链产业日益壮大。《2023 年中国城市区块链综合指数报告》数据显示，长沙区块链综合指数位居全国第五。长沙、娄底、衡阳加快布局抢抓区块链产业发展机遇，分别布局星沙区块链产业园、长沙区块链产业园、娄底市区块链产业园、湘南湘西区块链产业园。2022 年，快乐阳光、湖南智慧政务区块链、宸瀚信息等 22 个企业项目区块链信息服务名称备案编号成功。湖南物联网产业发展初具规模，涉及传感器、芯片设计、电子标签与读写机具、智能终端、应用软件、系统集成等领域。长沙智能制造研究总院“红外无线无源气体报警系统的研制及应用项目”等 5 个项目入选工业和信息化部“2022 年移动物联网应用典型案例”。

“大智移云”创新应用深化拓展。云计算和大数据在制造、金融、医疗、教育、家居、城市治理等领域加速融合落地。中电金信致力于金融行业“数字信息基础设施”架构变革，聚焦“数字底座”场景共建，打造源启实验室，支持金融行业的数字化应用。湖南省第二测绘院“遥感影像统筹及卫星应用系统”等 5 个项目入选工业和信息化部“2022 年大数据产业发展试点示范项目”。马栏山视研院马栏山视频超算系统，以天河国产软硬件为基础，视频综合能力达到 10P，可满足园区乃至国内企业的影视制作、视频分析、视频生成与视频渲染等环节的计算需求。

五、机器学习

作为人工智能极为关键的通用技术之一，机器学习时常被外界认为是 AI 应用中使用的公式或定理般的抽象基础。机器学习的本质的确是函数，但它依然能够以单纯的算法能力直接落地于金融、工业、医药、互联网等数字化基础较好的领域，为企业提供智能风控、预测性维护、药物发现、个性化推荐等多种服务。

据产业研究院报告《2019—2025 年中国机器学习行业发展趋势及投资预测报告》，机器学习产业链包括上游基础层、中游技术层、下游应用层。上游包括人工智能芯片供应商、云计算平台服务商、大数据服务商。中游包括机器学习技术服务商，机器学习技术服务商是机器学习产业链的关键主体，其提供的服务包括机器学习基础开源框架以及机器学习技术开放平台。下游是机器学习应用服务商，为最终用户提供基于机器学习的垂直领域应用服务。机器学习广泛应用于金融、教育、医疗、工业、零售等垂直领域，应用领域还在不断扩展。

机器学习的核心价值是通过特定算法分析已知数据，识别隐藏在数据中的可能性，并基于此独立或辅助使用者进行预测与决策。机器学习体现价值的前提是存在大量可供分析的数据，具体到企业的实际应用当中，就是要求企业能够提供连续准确的研发设计、生产经营、设备运行、营销获客等各方面业务数据，以此训练、修正、完善算法模型，再利用模型挖掘企业数据的真正价值。可以说，行业或区域的数字化程度决定着机器学习能够在其中发挥多大作用。

目前，机器学习在互联网、金融、IT 服务行业渗透率较高，其中互联网行业机器学习应用渗透率达到 90%，其次是金融业，包括银行、证券以及保险在内，整体渗透率超过 20%，但是制造等其他传统行业的渗透率仍低于 10%。

机器学习作为人工智能领域的重要技术，是资本市场重点关注对象之一。在资本力量的推动下，一批以机器学习为核心驱动的初创型公司进入市场，逐渐成为市场中的有力竞争者。资本投入可帮助初创型机器学习公司构建技术团队、获取训练数据、研发应用产品、拓展产品市场，逐步提高其市场竞争力。

机器学习是使计算机具有智能的重要方式，是人工智能技术的核心，行业进入技术壁垒较高，产业链涉及范围广泛。现阶段，人工智能技术应用落地速度不断加快，应用场景不断增多，市场规模不断扩大，使得机器学习价值日益凸显。在政策的推动下，我国人工智能市场增速高于全球平均水平，未来机器学习行业发展势头更为强劲。

六、智能传感

国家标准 GB 7665—87 对传感器下的定义是："能感受规定的被测量并按照一定的规律（数学函数法则）转换成可用信号的器件或装置，通常由敏感元件和转换元件组成。"

传感器作为连接物理世界和数字世界的桥梁，一般包含传感单元、计算单元和接口单元。传感单元负责信号采集；计算单元则根据嵌入式软件算法，对传感单元输入的电信号进行处理，以输出具有物理意义的测量信息；最后通过接口单元与其他装置进行通信。根据具体应用场景的不同需要，传感器还可集成其他零部件，不断延伸传统传感器的功能。

传感器技术是当今世界令人瞩目的高新技术之一，也是当代科学技术发展的一个重要标志，它与通信技术、计算机技术构成信息产业的三大支柱。

传感器最早出现于工业生产领域，主要用于提高生产效率。随着集成电路以及科技信息的不断发展，传感器逐渐多元化，成为现代信息技术的三大支柱之一，也被认为是最具发展前景的高技术产业。正因此，全球各国都极为重视传感器制造行业的发展，投入了大量资源。目前，美国、欧洲、俄罗斯从事传感器研究和生产的厂家均在 1000 家以上。在各国持续推动下，全球传感器市场保持快速增长。

进入 21 世纪，传感器制造行业开始由传统型向智能型发展。智能型传感器带有微处理器，具有采集、处理、交换信息的能力，是传感器集成化与微处理机相结合的产物。由于智能型传感器在物联网等行业具有重要作用，我国将传感器制造行业发展提到新的高度，从而催生研发热潮，市场地位凸显。同时，受到汽车、物流、煤矿安监、安防、RFID 标签卡等领域的需求拉动，传感器市场得到快速扩张。

自 2006 年以来，国务院、国家发展改革委、工业和信息化部等多部门陆续印发了支持、规范智能传感器行业的发展政策，内容涉及智能传感器发展技术路线、智能传感器发展目标、智能传感器的应用推广等方面。智能传感器作为电子元器件，处于电子信息制造产业的前端和上游，是支撑电子信息产业的基石，也是保障产业链、供应链安全稳定的关键。

2021 年以来，为加快我国电子元器件及关键配套材料和设备产业发展，提升产业链供应链现代化水平，促进我国信息技术产业高质量发展，工业和信息化部印发《基础电子元器件产业发展行动计划（2021—2023 年）》，从发展方向、实现路径、推广市场以及配套方面，对基础电子元器件产业提出了规划。具体来看，针对新型 MEMS 传感器重点向小型化、低功耗、集成化发展，支持产、学、研合作，完善 MEMS 传感器行业配套，优化发展环境。此外，全国各省市也着力优化产业发展政策环境，相继发布了加快智能传感器及物联网产业园区建设的相关政策。目前，上海、浙江、江苏、广东、北京等各地区均积极发展传感器产业园区，壮大新兴产业，加快数字经济的转型升级。

七、互联互通

2022年以来，湖南新型数字基础设施、数字产业创新平台加快建设，集成电路、基础软件等数字产业领域关键技术创新能力不断增强。长沙国家级互联网骨干网络直联点开通运行，是全国所有直联点中建设开通进度最快、网络性能改善最优、监测系统功能最全的直联点。截至 2022 年底，全省已建成 5G 基站超 8.9 万个，每万人拥有 5G 基站数超 13 个；5G 物联网终端用户超 4100 万个，年均增长率达 141%。麒麟信安为重大航天工程提供安全可靠的产品和关键技术支撑。精益传动成为全球三大传动软件供应商之一[①]。

数字技术应用广度深度不断拓展。2022 年全省打造了 43 个 5G 典型应用场景，山河智能装备股份有限公司的“基于 5G+ 工业互联网技术的工程机械遥控施工系统”等 13 个项目入选“2022 年湖南省工业互联网 App 典型应用案例”。以柳枝行动众创空间、中电云创、百度创新中心等为代表的创客中心推动湖南互联网产业领域创新创业活力迸发。截至 2022 年 12 月底，667 个数字产业创新项目获

① 数据来源：松果财经。

得“柳枝行动”扶持，其中 94 个项目累计获得 21.1 亿元股权融资[①]。

八、远程控制

随着传感器技术、互联网、人工智能、云计算等关键技术的发展与创新，制造业正在经历重大变革，其中，智能工厂的远程监控领域发展迅速，进步明显。作为智能工厂中非常重要的组成部分之一，远程监控可以通过采集、存储和分析各种生产数据，从而帮助企业实现实时监控和优化生产过程。智能工厂需要远程监控系统的技术支持，将各种设备和生产过程信息集中在一起，实现设备状态监控、生产调度、智能决策和安全防灾等方面的自动化和智能化。

第四节 湖南装备制造业智能化转型的操作要点剖析

一、高档数控机床

一是监测机床工作状态的智能化。在机床工作状态的监测中，主轴的智能化进展最为明显，通过装有温度传感器和载荷位移传感器的传感系统实现主轴的高度智能化。主要是通过 MEMS 温度传感器监控轴承润滑状况，防止轴承烧结以及进行主轴热位移修正；通过载荷位移传感器检测加工中的异常载荷，监控轴承载荷并推断其寿命，避免轴承损伤。主轴接近工件加工位置，因而它更适合用于准确地监测机床加工状态。但在主轴的有限空间内安装传感系统并不简单，仍有很多课题。如通过在结构材料中安装 FBG 传感器来检测结构的热位移，以此判断和修正机床结构的热位移模式，进行主体结构温度分布控制，使热变形最小化；运用机床结构中若干个检测点的温度和主轴的运行信息，通过 CNC 指令对刀具和工件间的相对热变形进行修正。

二是监测维修状态的智能化。为减轻维修作业的负荷，需要有在发生大的故障之前采取对策的系统，因此对维修状况进行经常性监测是非常重要的。积累机床工作状态的历史数据并基于此预测寿命，以及在工作状态下检测寿命，可以说

① 数据来源：湖南省工业和信息化厅网。

是今后的课题。

三是确保安全性的智能化。确保安全性的最新智能化技术，可以说是避免发生碰撞的技术。通过程序，在运动过程中以及在准备工作时就可进行检查。另外，还有检测刀具的离心力破坏和临界安全速度等技术，有的会因安全性而牺牲操作性，这些也可能通过智能化得到解决。

四是实现节能的智能化。切屑排出的状态，因加工条件、加工材料和加工对象不同而时刻发生变化，通过检测切屑量的变化控制切屑处理装置的动作，可达到很好的节能效果。这种方法也适用于冷却润滑液供应系统，通过调节冷却润滑液使其符合加工条件，也会达到较好的节能效果。

五是工艺条件决策的智能化。检测加工中的振动，发出回避这种振动的指令，形成自动回避振动的系统。在主轴回转速度较慢的车削加工中，可随时计算出主轴回转速度的变动振幅和变动周期，防止再生振动的发生。在铣削加工中，通过利用主轴回转速度与振动的周期性关系，可以保持主轴在特定没有的振动的区域内工作。在判断用户所选定的加工条件是否合理、为实现必要的加工精度制定合理的工艺条件等方面可进一步提升智能化程度。

六是准备作业的智能化。在准备作业的智能化方面，进展尚不明显。在加工铸造零部件、锻造零部件等异形材料时，因其质量不平衡以及位置变化，使得在高速回转中加工较困难，因此需要在进行平衡的同时进行加工，自动平衡装置可解决这一问题。其他准备作业的智能化系统正在开发中。

二、智能机电工程系统

第一，加快系统自主研发。机电工程系统在结合应用智能化技术时，需要从实际情况出发，全面考虑行业发展状况和机电工程系统建设条件、特征，增强智能化技术的适用性，使智能化建设更加符合生产需求。目前，更多的科研机构、企业都以智能化技术为研究方向，重点发展关键技术，在自主研发上寻求新的突破。同时，根据智能化建设条件、具体的需求状况，促使智能化系统具备较强的个性化特点，与系统的可靠运行相适应。

第二，构建专业人才队伍。机电工程系统智能化，需要在专业人才队伍的支撑下开展。机电工程操作、管理团队要从培训专业知识和技能着手，全面提升认知度和实践操作能力。应注重智能化技术人才的充分挖掘，积极构建专业人才队伍，为机电工程系统实现全面智能化提供支撑。

第三，结合应用物联网技术。智能工程系统，依托于物联网技术加强机电设备的智能管理能力，使其具备更高的安装效率和管理效果。智能化工程所用的不同设备类型，可以结合使用物联网技术进行颜色的标识和区分，结合使用计算机控制技术来监控机电设备，使机电设备运行过程中的具体数据信息生动呈现出来，维护设备运行的良好状态，实现机电设备管理效果的全面提升。物联网技术应用于施工前期准备阶段，有利于现场准确测量内部结构，施工现场具备更高的生产效率。物联网技术的应用，使机电设备的运行数据实现了智能化分析，以便于故障发生时及时进行针对性处理，维护设备运行的安全稳定，推动机电设备管理朝着智能化、信息化方向发展。

第四，提高基础设备安装质量。机电工程系统智能化涉及多项设备，需要控制系统设备的合理安装为基础，保障全寿命运行阶段具备良好的安全稳定性，明显降低了设备运行系统的消极应用。机电设备的选用必须合理，是确保机电设备能够正常发挥工作作用、维护整体运行质量的基础条件，有利于质量问题发生时的及时处理，或是以更换方式维护智能化建设的顺利展开。机电设备安装过程中，强调工作人员严格遵循操作标准，关注到每一个细节，使设备安装问题得到有效控制，为系统运行的稳定性提供保障，推动智能化建设目标的顺利完成。

第五，提高技术质量。企业要坚持改革创新的发展原则，在国家的政策性引导下，积极应用人工智能与机电工程系统，提高电气设备的技术含量，为机电工程系统的自动化管理创造有利条件。人工智能技术的有效应用，有利于数据信息的快速收集，使企业以此为基础制定合理的成本预算，为集约型经济体系和清洁无污染系统的构建创造有利的发展条件，推动机电工程系统保持良好的安全稳定性。

三、自动控制系统

智能化技术在电气工程自动化控制中的应用主要表现为 GPS 定位技术、精密传感技术和计算机技术的综合应用，其同时也是一门综合性较强的学科，主要涵盖医学、生物学、信息学、语言学和控制学等。智能化技术研究的内容是如何赋予机器以人工智能，使之能在高危险的环境下完成高难度的工作。目前，电气自动化控制行业的研究重点便是智能化技术的研究，即电子电气技术和信息的收集与处理。智能化技术是计算机技术的高端分支，其目前在电气自动化控制中的应用成效显著，即实现电气自动化控制效率的提高、工程投入成本的降低、控制人员工作压力的减轻和实现人力资源的优化配置。

四、神经网络系统

神经网络系统通常存在以下两个子系统：在辨别控制定子电流的基础上经电气动态参数，在辨别控制转子速度的基础上经机电系统参数。神经网络系统主要采用反向学习算法和多层前馈性结构，因此在电气工程交流电机和驱动系统中使用神经网络系统进行诊断和监测极具价值，具体表现在以下几个方面：一是管理非初始速度以及负载转矩所产生的变化；二是大幅缩减定位时间，能力和一致性相当强，且无需建立控制模型，因此目前在模式识别、信号处理和电气传动控制中广泛使用智能神经网络；三是可切实增强条件监控决策和诊断系统的可靠度，因此神经网络系统通常被应用于多个传感器输入的并行结构中。

五、模糊逻辑控制

在电气工程自动化控制中，模糊控制器可直接取代 PID 控制器，同时在数字动态的传动系统中也时常使用模糊控制器。目前，在 M 型、S 型模糊逻辑控制中，仅 M 型控制器能用来控制调速，但 M 型、S 型控制器均具有自己的规则库，即 ifthen 模糊规则集，其中模糊集是 H 和 G，即 G 为 X，H 为 Y，因此 W=（X，Y），此乃 S 型控制器所属的规则。M 型控制器主要由反模糊化与模糊化、知识库、推理机等部分组成，因此在模糊控制行为下，便可采取与人类类似的方式来推理上述行为，并做出决定。此外，知识库主要由数据安全模块和语言控制规则库两部分构成。模糊化是处理测量变量、量化变量和模糊变量的一种关键方法，其函数表现形式丰富多样。基于反模糊化的过程，能够进一步分析和处理模糊数据。在模糊化的过程中，模糊技术常被广泛应用；而在量化过程中，则通常运用中间平均技术以提高准确性和可靠性。这样的构成和技术应用确保了知识库在处理复杂数据和实现精确控制方面的有效性。

六、工业机器人

工业机器人按照结构可分为四类，分别是直角坐标机器人，圆柱坐标机器人，球坐标机器人以及多关节机器人。其中多关节机器人是运用最为广泛的机器人，具备高效、精度高、灵活性强等优势。科技不断优化及大家对产品的要求不断提升，使机器人技术成为大家离不开的话题。如今，不少企业正向智能化和数字化工厂转型。

现如今国家大力支持智能机器人的研究和发展，工业机器人已经在这种政策和条件的支持下获取了连续不断地优化与革新，因此当前在国内所呈现的工业机器人类型十分广泛，为各行各业的发展注入了活力。首先可以从工业机器人的基本属性方面进行考虑，比如应用领域、关键技术、承载能力等，这些方面都是可以作为划分依据的。如果将应用领域作为工业机器人类型的划分依据的话，不难发现，工业机器人在众多领域中都有广泛的应用，这也就影响工业机器人具备了不同的技术性能，在工业制造、医疗事业等领域中的应用成就了具备更多服务能力的工业机器人。针对工业机器人的关键技术特点进行划分，随着关键技术的不断改进和完善，能够将其分成三代机器人：示教再现工业机器人、离线编程机器人和智能机器人，而一代又一代的工业机器人将其具备的关键技术不断地更新和改革，从而实现更高地按指令进行工作的能力。针对工业机器人的承载能力的不同，可以将其划分为以下几种类型：超大型机器人、大型机器人、中型机器人、小型机器人和超小型机器人，因此可以理解各种类型的机器人所能够承载的重量范围，在正式应用之前应该针对需求选择合适的负荷能力。

随着工业机器人智能化逐渐提高，在各行业领域的应用也越来越普遍，不论是传统的行业还是新兴的领域都能看到工业机器人的使用。工业机器人除了可以运用到柔性生产线上，还可以应用到各个领域内，其中主要可以应用在两大方面：一方面是可以应用在一些较为恶劣的环境中，比如在一些焊接领域，热处理领域内，压力铸造，冲压，或者是一些机械加工以及原子能工业上都可以用到工业机器人，在一些搬运物料过程中，可能会存在一些对人体有害的物料，那么就可以运用工业机器人来完成这一部分的工作，减少对人体的危害；另一个方面是现如今工人需求增多，但是在一些需要大型产业的领域需要大量的工人，比如在一些电子产品生产链或是食品生产产业链上，类似于这种重复简单枯燥的工作需要工业机器人的加盟，进行分拣、焊接等工作。

七、智能仪器仪表

随着“中国制造 2025”战略规划的深入实施，智能化势必成为我国仪器仪表产业的发展方向。仪器仪表企业若想在智能制造生态链中占据一席之地，智能化转型“蝶变”，既是大势所趋，亦是当务之急。当前，仪器仪表行业正逐步由自动化向智能化方向跃迁，仪器仪表也日渐呈现“人工智能化、多功能化、微型化、网络化”的智能化“蝶变”新趋势。

第一，多功能化。尽管专业化仪器仪表产品早已新品迭出，然而多功能化则是仪器仪表智能化“蝶变”进程中颇受青睐的新趋势。对于用户而言，多功能、综合性仪器仪表毫无疑问更受欢迎。多功能仪器仪表就像功能繁多的“百宝箱”，既能满足用户多种多样的需求，还可组合式使用，提供更优化的解决方案。譬如，为了设计速度较快和结构较复杂的数字系统，仪器仪表生产企业推出了具有脉冲发生器、频率合成器和任意波形发生器等功能的函数发生器。此类多功能的综合型仪器仪表，不仅在精准度等性能上较专用脉冲发生器和频率合成器更高，而且在多种测试功能上提供了较为理想的解决方案。显然，仪器仪表多功能化，有利于降低仪器仪表购买与维护成本，缩小占用空间，提高仪器仪表利用率。

第二，微型化，也是仪器仪表智能化“蝶变”进程中不容忽视的新趋势。企业需要在保障仪器仪表现有性能的基础上，开发出体型更小、更轻便甚至功能更强大的微型仪器。微型智能仪器仪表指微电子技术、微机械技术、信息技术等综合应用于仪器仪表的生产中，从而使仪器仪表成为体积微小、功能齐全的智能仪器。它能有效完成信号的采集、线性化处理、数字信号处理，控制信号的输出、放大、与其他仪器的接口、与人的交互等功能。微型智能仪器仪表随着微电子机械技术的日益发展，其技术日趋成熟，价格也日渐降低，因而其应用领域也将不断扩大。它不仅具有传统仪器仪表的功能，而且能在自动化技术、航天、军事、生物技术、医疗领域发挥重大作用。

第三，网络化是仪器仪表智能化“蝶变”进程中备受期待的新趋势。融合系统编程（ISP）技术和嵌入式微型因特网互联（EMIT）技术，实现仪器仪表系统网络化。伴随着网络技术的迅猛发展，Internet 技术正在逐渐向工业控制和智能仪器仪表系统设计领域深入渗透，实现智能仪器仪表系统基于 Internet 的通讯能力以及对设计好的智能仪器仪表系统进行远程升级、功能重置和系统维护。系统编程（ISP）技术是对软件进行修改、组态或重组的一种最新技术。利用该技术，能在仪器仪表产品设计、制造过程中的每个环节，甚至在仪器仪表产品销售给最终用户之后，具有对仪器仪表器件、电路板或整个电子系统的逻辑和功能随时进行组态或重组能力。ISP 技术消除了传统技术的某些限制和连接弊端，有利于在板设计、制造与编程。ISP 硬件灵活且易于软件修改，便于设计开发。由于 ISP 器件可以像任何其他器件一样，在印刷电路板（PCB）上处理，因此编程 ISP 器件无需专门编程器和复杂的流程，仅需通过 PC 机、嵌入式系统处理器甚至 Internet 远程网进行编程。嵌入式微型因特网互联（EMIT）技术是一种将单片机等嵌入式设备接入 Internet 的技术。利用该技术，能将 8 位和 16 位单片机系统接入 Internet，实现基于 Internet 对仪器仪表的远程数据采集、智能控制、上传 / 下载数据文件等功能。

八、智能装备园区

近年来随着智能科技的快速发展，园区智能化改造已经逐渐成为一种趋势。园区智能化改造能够提高园区的管理效率、节约资源、降低成本。应从以下几方面入手：

第一，监控系统。园区的监控系统是园区智能化改造的重要组成部分之一。通过安装摄像头和相关软件，可以建立园区内的视频监控系统。在安全方面，监控系统能够有效地防范和打击犯罪。在日常管理方面，监控系统也能提高管理效率，促进管理标准化。

第二，智能停车管理系统。园区的停车管理一直是一个难题。从停车位的分配到停车费的收取，传统的停车管理存在着很多的弊端。智能停车管理系统的应用能够极大地提高停车管理的效率和质量，如减少停车位间的空置率、缩短车辆排队等待时间。此外，智能停车管理系统还能实现自动缴费、远程监控等功能。

第三，环境监测系统。园区内的环境状况会直接影响到企业和商户的经营效益，因此，园区智能化改造中必不可少的就是环境监测系统。环境监测系统能够监测园区内的温度、湿度、PM2.5 等环境数据，并且能够通过数据分析发现问题，提供相应的预警和建议。这对于园区的环境管理非常有帮助。

第四，能源管理系统。园区的能源管理是影响园区成本的一个重要方面。智能能源管理系统能够对园区的能源消耗进行管理和监控，利用数据分析来提高能源利用效率。此外，智能能源管理系统还能够实现节约能源、降低能源成本等功能。

第五，数据中心。随着信息化程度的提高，园区需要处理的数据量也在不断增加。为了更好地管理和利用这些数据，建立一个现代化数据中心非常重要。数据中心可以存储和管理园区的各类数据，并且能够配备相应的软件和硬件设施，以支持对数据的分析和利用。

第六，智能照明系统。智能照明系统是园区智能化改造的重要组成部分。传统的照明系统高耗能且难以满足不同场景的照明需求，而智能照明系统可以根据光线、时间、温度和人员活动等因素自动调节照明强度和色温，从而节能降耗，提高照明效果。

第四章 湖南装备制造业经营效率测度

第一节 技术创新相关概念与过程

一、技术创新概念

技术创新是指在科技领域中，通过发掘新的技术和新的思路，创造出新的产品、新的服务或新的生产方式的过程。技术创新包括原创性发明、改进性发明、创造性设计、新产品研发等方面，是推动科技进步和经济发展的重要力量。

技术创新的内涵主要包括以下方面：

（1）创新思维。技术创新需要具备创新思维，包括勇于尝试、敢于创新、追求卓越等特点。创新思维能够激发人们的创造力，促进技术创新的发展。

（2）技术研发。技术创新需要进行科学的技术研发，通过不断地实践和尝试，提高技术水平和研发能力，从而实现技术创新的目标。

（3）市场导向。技术创新需要与市场需求相结合，通过对市场需求的分析和研究，不断优化产品设计和服务模式，满足客户的需求。

（4）人才支持。技术创新需要有专业化、高素质的人才支持，包括科技人员、专业技术人员等。他们不仅具备专业知识和技能，还能够独立思考和解决问题，推动技术创新的发展。

二、技术创新过程

技术创新过程是将知识、技能和物质转化成顾客满意的产品的过程，是知识的产生、创造和应用的进化过程，是信息交流、加工的过程，是技术企业提高技术产品附加价值和增强竞争优势的过程。

企业技术创新过程涉及创新构思产生、研究开发、技术管理与组织、工程设计与制造、用户参与及市场营销等一系列活动。在创新过程中，这些活动相互联系，有时要循环交叉或并行操作。技术创新过程不仅伴随着技术变化，而且伴随着组织与制度创新、管理创新和营销方式创新。因此，在广义上，企业技术创新还包括组织与制度创新、管理创新和市场创新。

第二节　技术创新效率概念与测度方法

一、技术创新效率概念

"效率"一词最早出现在古典经济学研究中，古典经济学研究的重点是劳动、资本等单要素效率问题。之后，新古典经济学家将资源配置问题引入效率理论之中，他们认为资源配置的合理性决定了效率的高低。一般地，资源配置越合理，效率就越高。新经济增长理论对于效率有了新的认识，新经济增长理论的学者不再仅仅关注单要素效率，而是将研究焦点转向全要素生产率。Solow（1956）将经济增长中由技术进步与效率提升所产生的产出增长率称作全要素生产率。Diewert（2007）的主要研究对象为全要素生产率的增长率。Farrell（1957）是最早对效率进行系统研究的学者，他认为生产厂商的生产效率包括技术效率和配置效率两方面。技术效率表示技术进步水平，是投入一单位生产要素能够获得的最大产出的能力；配置效率表示资源利用程度，是指通过调整生产要素的投入结构，使得投入一单位生产要素获得的最大利用能力。后来，Harvey 在 Farrell 等人研究的基础上进一步明确技术效率的定义，他指出技术效率是在投入要素不变的情况下，实际产出与所能达到的最大产出之间的比率。

近年来，技术创新效率成为国内外学者关注的热点问题。Afriat（1972）首次将生产前沿面模型引入技术创新效率理论研究中，认为技术创新效率是在投入要素不变时的最大产出，或者是在产出要素不变时的最小投入。在之后的研究中，国内外学者对于技术创新效率的界定基本遵循 Afriat 的思想，将技术创新效率定义为既定投入条件下的最大产出，或既定产出情况下的最小投入。柳卸林（1993）以新产品利润与总利润的比值表示技术创新效率。池仁勇（2004）认为，技术创新效率是指各种创新投入与创新绩效之间的转换关系，创新投入产出转换关系在前沿面上时技术创新最有效。朱有为和徐康宁（2006）将研发效率看作一种技术效率，并用能够衡量的研发投入和研发产出的转化关系表示。张旭辉（2011）将技术创新效率定义为技术创新过程中投入的各种创新资源的配置状态，而资源配置状态可以通过创新资源的投入和产出反映。郭磊（2013）将工业行业的技术创新效率定义为创新要素与创新成果转化之间的比例关系。

综合现有文献，本书认为技术创新效率是用来衡量技术创新过程中创新投入与创新产出之间转化关系的指标，一般用创新产出与创新投入之间的比值表示。技术创新效率最优可以从投入和产出两方面理解：一是在创新投入要素一定的情况下能够获得最大的创新产出；二是在创新产出要素一定的情况下需要的创新投入最小。

二、技术创新效率测度方法理论

（1）马克思创新思想

马克思虽然并未定义“创新”，但却是学术界公认最早提出创新思想的人。创新理论的开创者熊彼特曾表示，他的创新观点受到了马克思的启发，并且只包括马克思研究领域的一小部分。马克思的创新思想主要体现在其对生产力与生产关系的论述上。在生产力范畴，马克思认为科技创新推动生产力发展，资本家为追求剩余价值，具有进行创新的动力，因此，资本家会采取创新手段，如设备迭代、科技进步、采用新机器。同时，工人也是创新活动的重要主体，工人位于生产活动第一线，能够进行经验总结与发明创造，例如发明新技术、新工艺和新工具，从而进一步发展生产力。在生产关系范畴中，马克思认为存在制度和管理上的创新。依照生产力与生产关系的辩证关系，科技创新与制度和管理创新之间存在着互相影响的关系。

（2）熊彼特创新理论

熊彼特是创新理论领域中一位杰出的经济学家。在1912年出版的《经济发展理论》中，熊彼特首次系统提出创新理论。随后，在1939年出版的《经济周期》以及1942年出版的《资本主义、社会主义和民主主义》两本书中，熊彼特完善了创新理论，形成了熊彼特创新经济理论体系。

熊彼特创新理论是以瓦尔拉斯一般均衡理论为逻辑起点的。熊彼特认为，瓦尔拉斯的理念存在“纯系静态特质”和“一定不变过程”的特点，但经济体系不应是这样的。经济体系内部应存在一种能源，这种能源破坏了原有平衡，并将经济体系推向了另外一个平衡。换言之，经济体系内部存在一种影响因素，造成了经济的动态发展。熊彼特认为，这种能源、影响因素便是企业家的创新活动。在熊彼特的理念中，创新并不仅指单纯的技术发明，而是指经济发展中的新事物。主要包括以下五种形式：新产品或新质量的产品、新的生产方法、新市场、新供给来源、新的企业组织形式。正是具备创新思想、冒险精神的企业家对生产要素进行了重新组合，才形成了创新，推动了经济动态发展。

此外，熊彼特还论述了创新与经济周期、创新与经济发展的关系。熊彼特认为，一方面创新会破坏现有的经济平衡，另一方面创新具有不连续性、非集中性的特征，因此一次创新造成的波动不能被下一次创新所抚平，从而引起了经济周期波动。另外，创新还会诱发各种从属现象和各种连锁反应，对经济波动产生影响。就创新与经济发展而言，熊彼特认为经济发展的基本要素是创新，发展的主要方式是资源的重新组合，创新通过“创造性的毁灭过程”引起经济增长。创新带来额外利润，采取旧生产方式的企业被迫进行“生存保卫战”，这种由创新引发的企业间竞争与其他形式的竞争相比往往更为激烈，对旧资本、旧企业具有毁灭性，这就是所谓的“创造性的毁灭过程”。这种“创造性的毁灭过程”不仅能够解释经济发展，也能够解释经济周期波动现象。

熊彼特创新理论提出之际，“凯恩斯革命”正显示着强大的影响力。因此，熊彼特创新理论在当时并未受到经济学界的重视。在20世纪50年代之后，不少国家经历了长达20年的经济增长“黄金期”，传统的资本、劳动要素对这一现象的解释力度已然不够。故而，经济学者开始关注创新这一要素与经济增长之间的关系，创新理论获得了发展。

第三节 装备制造业技术创新内涵与特征

一、装备制造业技术创新内涵

关于装备制造业技术创新的内涵，国内外学者的相关研究主要是在技术创新内涵的基础上，将其与装备制造业的生产实践与发展状况进行有机结合，进而外延出了新的内涵。在目前的研究文献中，装备制造业技术创新的内涵研究主要集中在纯技术上的创新和管理技术上的创新两个方面。这两者具有区别，但也是相互依存、共同促进的。纯技术上的创新能够带来管理技术上的创新，而管理技术上的创新又能够促进技术上的创新。Hsu 等（2016）在深入分析装备制造业相关产业政策的基础上，提出产业技术创新转型升级才是装备制造业技术创新发展的核心。Stock 和 Seliger（2016）在工业 4.0 背景下通过对装备制造业的可持续发展进行研究，提出装备制造业技术创新实际上是产业中技术水平和创新能力不断累积提高的过程，本质上是推动行业向高技术知识水平迈进的过程。牟绍波等（2013）基于装备制造业的产业背景，认为装备制造业是技术知识密集型产业，其技术创新的内涵是一种基于技术和知识的积累，从行业低水平向高水平提升的过程，具体来说，是装备制造业技术创新能力提高的过程。司林波（2016）认为装备制造业的技术创新具体可通过三个方面来体现，即技术创新效率、技术创新绩效和技术创新水平。其中，技术创新效率是表现技术创新的重要衡量指标。韩增林等（2018）以东北地区为研究对象，提出东北地区装备制造业的技术创新发展其实就是完善建立起官产学研的创新合作网络，通过提高自身的自主创新能力，加上地方政府的扶持，进而实现装备制造业“走出去”的战略目标。何地和白晰（2018）则是将技术创新和管理创新放在一起进行研究，提出两者相互协作能够降低成本、促进发展，并且还可将创新资源进行合理配置，从而共同推动装备制造业的技术创新发展。

综合国内外学者的观点，技术创新在装备制造业生产实践中又产生了新的内涵。本书认为装备制造业技术创新的内涵实质上是一种技术水平和知识成果的不断积累过程，是一种带动装备制造业从中低端产能过剩到高端产品生产的跃迁过程，是一种技术创新效率和能力提高的过程。

二、装备制造业技术创新特征

目前，国内外学者关于装备制造业技术创新特征的相关研究主要聚焦在装备制造业技术创新效率、技术创新模式和协同技术创新体系等方面。

Wu 等（2012）基于技术管理与技术能力的双螺旋耦合模式对 81 家装备制造业的调查数据进行了实证分析，认为装备制造业技术创新具有技术管理与技术能力互为基础、能够以螺旋形式对装备制造业的绩效发生作用等特征。Salvador 等（2016）在工业设备制造业的研究背景下，从产品的资源配置、行业的灵活性等方面对装备制造业技术创新的特征进行了阐述，指出装备制造业技术创新具有行业资源的流通性、行业之间的竞争性、行业之间的互惠性等基本特征。

卜琳华和孟庆伟（2000）通过相关研究发现中国装备制造业普遍存在难以形成有效的技术创新运行机制等问题，因此在相关创新理论的基础上，从技术创新的角度出发，对装备制造业技术创新的特征进行了阐述，包括涉及因素复杂、投入难以估算、预期回报难以确定和管理控制较为灵活，并依据特征表现提出了相关促进发展的政策建议。张赤东（2013）提出在装备制造业技术创新研究中，了解和明确技术创新的特征是做好下一步工作的前提。他通过对一些创新型企业的技术创新项目进行全样本调查，发现装备制造业呈现出一些技术创新特征，主要有：技术创新以市场需求驱动为主、技术创新以产品创新为导向、技术创新以开发新产品为目的、技术创新以装备制造业创新能力提高为目标等。惠利（2018）提出了中国装备制造业技术创新的特征：运行总体稳中有进；部分高端装备制造细分行业迅速赶超，接近国际前沿；装备制造初步形成了五大产业集群；装备制造业与其他产业的发展相辅相成；装备制造业对外开放程度不断提高。简晓彬等（2018）通过对装备制造业的集群式创新效率的研究，提出了集群式创新的主要特征，包括地方结网性、资源共享性、互利共生性、协同竞争性、动态创新性以及虚拟化等。

综合国内外学者的观点，学者们通过不同视角和不同维度对装备制造业技术创新的特征展开了阐述。本书认为装备制造业技术创新的特征可概括为：技术创新为主要驱动力，其余创新形式如自主创新、开放创新等共同作用，促进装备制造业的发展。据此为产业规模化、集群化和创新化发展提出了相关政策建议。

第四节　湖南省装备制造业技术创新现状简评

一、湖南省装备制造业技术创新的基本情况

制造业是强国之基，创新则是制造业高质量发展的“牛鼻子”。2021 年，湖南坚持建平台、锻长板、补短板、强应用，不断提升产业链、供应链韧性。

过去几年，省工信厅深入开展创新平台体系建设行动，形成“1 家国家级平台领跑 +10 家省级平台跟跑”的新格局，省级制造业创新中心、省级企业技术中心分别达到 10 家和 643 家，区域、行业、企业三级制造业创新平台体系初步建成[①]。

2021 年，湖南新增 3 个国家级产业技术基础服务平台、5 家国家级工业设计中心、2 家国家技术创新示范企业。中国工业互联网研究院湖南分院、国家工业互联网大数据中心湖南分中心顺利落户。国家车联网先导区建成全国领先的智能网联大数据中心，国家第三代半导体技术创新中心（湖南）获批成立。株洲国创在全国 12 个制造业创新中心年度考核中获唯一优秀评价。株洲市建成轨道交通、硬质合金国家级行业技术标准创新中心，研发了世界首创内燃与电力混合双源“复兴号”等大批高端装备。轨道交通获批国家首批先进制造业集群，中小航空发动机、先进硬质材料等 5 个产业获批省级集群建设试点。怀化帮助湘鹤集团积极申报中小企业发展专项资金，支持其创建工业设计中心、工程技术中心等研发平台，帮助“湘鹤”商标成功申请马德里国际商标，2021 年成功获批国家级专精特新“小巨人”企业。聚焦关键领域和工业“五基（基础零部件、基础材料、基础工艺、基础技术、基础软件）”，湖南深入开展关键核心技术突破行动，创新成果颇丰。中电 48 所集成电路装备等一批关键技术实现突破，“两芯一生态”成为国内信

① 数据来源：湖南省工业和信息化厅网。

创工程首选技术路线，麒麟计算机系统等打破国际垄断①。

2021年. 省工信厅组织企业参与国家战略任务“揭榜挂帅”，协同推进“十大科技攻关项目”，大力实施“100个产品创新强基项目”，高性能碳纤维、半导体集成电路成套设备等科技攻关推进顺利。技术突破带来的是产业基础能力提升。2021年前11个月，湖南在QDR280燃气轮机发电机组等110项基础零部件（元器件）、高纯碳化硅涂层等97项基础材料、废碎玻璃高掺等123项基础工艺、智能化精密层绕机器人等149项基础技术以及16项基础软件上取得了关键突破。目前，湖南省承担国家工业强基、产业基础再造工程项目36项，正在实施大飞机起降系统、空天运载装备等科技重大专项②。

在对技术创新扶持上，全省812家企业仅技术改造税收增量奖补一项的资金便达4.16亿元。创新成果转化为生产力，便是企业的核心竞争力。随着技术突破，湖南省装备制造业等领域迈向“高精尖”，各领域“首套”“首台”设备频现。为保护创新、激励“首套”诞生，2021年，湖南新申报国家首台（套）保险补贴设备37台（套），获国家重点新材料首批次应用保险补偿项目66个，新认定首台（套）重大技术装备产品70台（套）。其中不少创新产品填补国内空白或位居国内市场前列。以“有产品、市场认、用户用”和“工程化、产业化、商业化”为导向，湖南着力完善应用生态，为创新成果在市场完成增值。例如2021年12月中南林业科技大学与湖南农友农业装备股份有限公司签订了油茶果采收技术成果转化合同，促使油茶果采收机正式进入产业化阶段，合同总金额为6484万元。怀化帮助久日新材料与南开大学共同开展“光引发剂及关键中间体绿色生产工艺开发与产业化”项目，申请发明专利2件，使企业光引发剂品质得到较大提升，顺利通过了国家级专精特新“小巨人”企业认定③。

技术创新依然是推动制造业企业数字化转型、高质量发展的关键。全省工业和信息化工作会议提出，将以产业基础再造工程为抓手，提升产业创新能力。未来，湖南将继续推进国家级车联网先导区建设，发挥好株洲轨道交通国创中心的作用，协同推进岳麓山工业创新中心建设，争取在工程机械等重点领域再建设一

① 数据来源：湖南省工业和信息化厅网。

② 数据来源：湖南省工业和信息化厅网。

③ 数据来源：湖南省工业和信息化厅网。

批国家级制造业创新中心。湖南将加快建设一批区域级平台，着力建强一批产业级平台，加快建设一批省级创新中心，全面做强一批企业级平台，优化全省企业技术中心布局。然后是大力提升产业基础能力，通过主动对接、积极参加国家产业基础再造工程，带动提升湖南省产业基础能力，聚焦产业链群，围绕核心工业核心基础零部件、基础电子元器件、关键基础材料、基础工艺与设备、基础软件以及产业技术基础等瓶颈短板，启动一批工程化攻关项目。继续实施“100个产品创新强基项目”，编制重点新产品目录，促进整机（系统）和基础产品技术互动发展。最后是系统提升产业创新能力，聚焦产品研发设计、智能制造、工业母机、检验检测、标准品牌等五大环节，积极引导和推动设计技术、工艺技术、装备技术、检测技术和管理技术等创新，强化标准建设、专利布局、品牌运营等基础工作。

二、湖南省装备制造业技术创新效率的基本情况

装备制造业是为国民经济发展和国防建设提供技术装备的基础性、战略性产业。技术创新在这一过程中起到了关键作用，特别是以中联重科、三一重工为龙头的工程机械制造业高举科技创新大旗，实行“科技产业化”，装备制造业呈现强劲的扩张态势，成为推动湖南省装备制造业技术创新的重要力量。湖南省装备制造业技术创新的基本情况主要包括以下几个方面：

（1）创新活动活跃且产出规模效益显著。近年来，随着政府对科技创新支持力度的加大以及企业自身对于提高竞争力的需求增加，湖南省内的装备制造企业纷纷加大研发投入，不仅在数量上有所增长，更重要的是质量也得到了极大提升。这种趋势直接反映在产品性能、生产效率等多个维度上，使得整个行业的经济效益有了明显改善。

（2）高度重视自主创新能力建设。面对日益激烈的国内外市场竞争环境，湖南省装备制造业更加注重培养自身的核心技术优势。通过建立研发中心、加强与高校及科研机构合作等方式，不断推进原始性创新工作。同时，一些领先企业还积极参与国际标准制定过程，努力掌握更多话语权。

（3）品牌意识逐渐增强并强化知识产权保护。为了打造具有影响力的自主品牌，许多湖南装备制造企业开始重视品牌形象塑造和市场推广策略优化。与此同时，他们也非常注重保护自己的知识产权不受侵害，采取了一系列有效措施如

申请专利、注册商标等来维护合法权益，为企业持续健康发展奠定了坚实基础。

（4）形成一定规模的区域集聚效应。依托长沙等地良好的产业基础和发展环境，湖南省内已经形成几个特色鲜明、优势互补的装备制造业集群。这些集群内部各成员之间能够实现资源共享、信息互通，并通过协同创新促进整体技术水平的进步。此外，集群效应还吸引了大量相关配套企业和人才汇聚于此，进一步推动了当地经济结构转型升级。

（5）普遍认识到创新的重要性但存在政策依赖现象。虽然大多数企业都已深刻意识到只有不断创新才能保持长期竞争优势，但在实际操作过程中仍存在一定的政策依赖心理，比如过分依赖于政府提供的财政补贴或税收优惠等外部激励措施，而忽视了自身内在动力机制的建设。因此，在未来发展中需要引导企业树立正确的价值观，鼓励其主动探索适合自身特点的创新路径。

第五节　湖南省装备制造业技术创新效率测度分析

一、优化的 R & D 投入产出效率模型构建

（1）指标选择

参考国内外关于 R&D 指标体系构建的文献，结合各学者所筛选出来的指标，综合考虑 R&D 各项指标体系的针对性与可得性，本书数据指标选取主要从 R&D 投入指标和 R&D 产出指标两个方面来考虑。R&D 投入指标主要包括财力和人力，具体指标为 R&D 经费支出与 GDP 的比值（%）和万人 R&D 研究人员数（万人 / 年）两个指标。R&D 产出指标主要包括科技活动产出水平和技术成果市场化两个方面，其中科技活动产出水平包含高技术产业增加值率、获国家级科技成果奖系数（项当量 / 万人）和万人发明专利拥有量（件 / 万人）三个指标，技术成果市场化包含万人输出技术成交额（万元 / 万人）和万元生产总值技术国际收入（美元 / 万元）两个指标。R&D 投入产出评价指标体系如表 4.1 所示。

表 4.1 R&D 投入产出评价指标体系

投入	人力	万人 R&D 研究人员数（万人 / 年）
	财力	R&D 经费支出与 GDP 的比值 (%)
产出	科技活动产出水平	高技术产业增加值率
		获国家级科技成果奖系数（项当量 / 万人）
		万人发明专利拥有量（件 / 万人）
	技术成果市场化	万人输出技术成交额（万元 / 万人）
		万元生产总值技术国际收入（美元 / 万元）

（2）模型构建

DEA 根据已知数据，以评价具有多输入和多产出的决策单元（DMU）相对有效性的一种方法，比较适合对 R&D 活动多投入、多产出的效率进行有效评价。

1978 年，著名运筹学家、美国德克萨斯大学教授 Charnes、Cooper 和 Rhodes 提出 CCR 模型，用以评价部门间的相对有效性。1984 年，Banker、Charnes 和 Cooper 逐步完善 CCR 模型，将 CCR 模型中规模报酬不变的假定改为规模报酬变动的假定，提出了 BCC 模型。BCC 模型的提出扩大了 CCR 模型的应用范围，可以计算出每个 DMU 的纯技术效率、规模效率和综合效率。

二、指标选取及描述

（1）指标选取原则

在对湖南省装备制造业投资效率进行测度之前，应当依据一定的原则选择合适的投入产出指标。如下指标选取原则：

①目标性原则。选择的指标应与研究内容紧密结合，选择的投入和产出应相互一致并具有逻辑相关性，整个指标体系应明确反映研究目的。

②客观性原则。选择评价指标不应基于个人主观臆断，而应基于客观事实，反映评价目的。

③重要性和精简性原则。指标可选范围大，但过多指标会导致指标之间产生高度相关性，降低评估的有效性。

④可操作性原则。指标应该能够直接或间接获得，如果不可得，就缺乏可操作性并且不可行，即使设计良好的指标体系也无法使用。

（2）指标体系的建立

选择合适的投入指标和产出指标，可以客观准确地反映装备制造业投入对产出的影响。关于装备制造业的投资效率，尚未形成统一的评价体系，但一些研究中使用的方法和指标对本书的研究仍有很大指导作用。宋晓华（2018）等在对风电上市公司的投资效率进行研究时，选择应付职工薪酬、主营业务成本、固定资产投资净额和无形资产投资净额作为劳动和资本投入，以主营业务收入、每股收益等作为产出。刘改芳和杨威（2013）则选取资金投入总量和从业人数作为投入，旅游收入和参观人次作为产出，对文化旅游业的投资效率进行了测度。陈良祥（2012）对制造业投资效率的研究采用了固定资产净值余额作为资本投入，行业平均人数作为劳动投入，选取了主营业务收入和主营利润率来衡量产出。

综合来看，大多数学者在选择投入产出指标来进行投资效率测度时，会从资本和劳动力等角度选择投入指标，从利润和收入等角度选择产出指标。很多学者在进行效率评价时会参照柯布道格拉斯生产函数的形式，从资本和劳动方面考虑投入要素，但在现有的投入水平下，还要投入一定的成本购买材料、销售商品、支付劳务等，成本投入的高低与盈利水平直接相关，是影响投入回报的主要因素之一。因此，本书加入了成本方面的指标。

投入指标反映了装备制造业在各个方面的投入，包含资本投入、成本投入和人力投入等。投入指标选取如下：

①固定资产净值

装备制造业是资金密集型产业，固定资产是装备制造业生产经营的主要资产。固定资产净值，也称为折旧价值，是指扣除累计折旧和减值准备后的固定资产原值或重置价的净值，是现有总量。本书选择固定资产净值作为资本投入，进行投资效率测度。

②主营业务成本

在当前的资本投入水平上，还要投入一定的成本进行生产经营，成本对投入回报具有显著影响。在成本投入上，主营业务成本是最常用的指标。该指标是企业在生产和销售产品上投资的直接成本，它可以最大程度地反映企业的成本。因此，本书选择主营业务成本作为成本投入。

③应付职工薪酬

公司运营的两个主要力量是物质资源和人力资源。装备制造业作为劳动密集型产业，对人力资本的投入比较高。大多数学者用劳动力人数或应付职工薪酬来衡量人力投入，而应付职工薪酬比劳动力人数衡量得更加全面，既能度量人力投入数量又能度量人力投入质量，因而本书选择应付职工薪酬作为人力投入。

产出指标反映的是装备制造业的经营成果和盈利能力，依据企业规模、经营情况等，产出指标选取如下：

①利润总额

利润总额包括主营业务和其他业务所得利润，能够更加真实地反映在投入全部资本后的收益情况。本书选择利润总额作为产出指标之一。

②加权净资产收益率

加权净资产收益率是反映企业盈利能力的最全面的评估指标，加权净资产收益率的大小表明企业利用单位净资产创造利润能力的强弱，本书选取湖南省各装备制造业年报中的加权净资产收益率来衡量。

三、DEA-BCC 模型测度企业的 R & D 效率

（1）问题的提出

R&D 是科技活动的重心，是科技活动中具有系统性、创造性的工作，是实现技术进步与突破的有效途径，也是实现创新的真正源头。如何客观有效地进行 R&D 投入产出的效率分析，一直是科技活动管理工作的重点和热点问题。

R&D 活动涉及投入与产出两大方面，R&D 投入是指为支持 R&D 活动而进行的各种资源配置，R&D 产出是指由投入而产生的结果。分析 R&D 投入产出效率，是将 R&D 产出与 R&D 投入进行对比，涉及 R&D 投入产出的多项指标，如果 R&D 投入产出效率评价指标体系不够健全，R&D 投入与产出无法进行有效的匹配，就难以得出科学准确的结论，因此有必要完善 R&D 投入产出效率评价指标体系。

R&D 活动运行机制较为复杂，因此 R&D 投入产出效率评价指标体系是多维的。传统分析投入产出的方法常基于生产函数的计量模型，但是传统生产函数的计量模型不支持多维度投入产出分析，而且模型的假定条件也难以满足。因此，传统的投入产出计量模型在此项分析上具有局限性，需要探索新的方法。

（2）相关研究

国内外研究者大多采用数据包络分析（DEA）进行 R&D 投入产出效率评价。DEA 方法的研究重点主要有：一是 R&D 投入产出效率评价指标体系的构建，二是我国区域或行业 R&D 活动效率的比较。例如，解茹玉（2009）基于区域对比的视角，借用平衡计分卡绩效管理的思想，构建 R&D 绩效评价指标体系，运用 DEA 的方法，对比分析区域 R&D 绩效差异；朱承亮和岳宏志（2010）选取高技术产业为对象，研究行业的 R&D 技术效率；钟华（2008）选用 30 个国家作为研究对象，选取了三个时间段对各个国家 R&D 效率的有效性进行评价；Rousseau（1998）构造了评价科技创新效率的相对性指标，研究了欧洲 14 个主要发达国家的科技竞争力。

综合上述方法，在 R&D 活动的产出指标方面，大多数文献仅涉及科技论文数、专利数等反映基础性科技成果的指标，缺乏反映科技成果转化情况的相关指标，因此评价指标有待进一步完善；在研究方法方面，基于 DEA 的 CCR 模型分析国家间 R&D 投入产出效率的较多。与 CCR 模型相比，BCC 模型可以将技术效率分解，从生产技术与规模报酬的角度进一步分析效率。本书尝试完善科技成果的产出指标，并运用 DEA 的 BCC 模型对 R&D 投入产出效率进行分析。

（3）R&D 投入产出效率评价指标体系构建

综合考虑指标体系的针对性与可得性，R&D 投入指标从资金和人力两个角度加以衡量，具体指标为：研发支出占 GDP 的比重、每百万人 R&D 研究人员。

R&D 产出指标方面，考虑到在科学技术转换为现实生产力的过程当中，科技成果转化起到关键作用，因而将反映科技成果转化方面的指标纳入评价体系十分必要。本书构建的 R&D 产出指标既包含反映基础性科技成果的指标——科技期刊发表的文章、专利申请总量、商标申请总量，还包含反映科技成果转化的指标——高科技产品出口额占制成品出口额的百分比、知识产权使用费接收支付比。

为保证 R&D 投入产出二者的可比性，统一采用相对数指标：对各指标均除以相应的总量指标，如研究人员总数或者国内生产总值，将其处理为相对指标，保证可比性。

R&D 投入产出效率评价指标体系如图 4.1 所示：

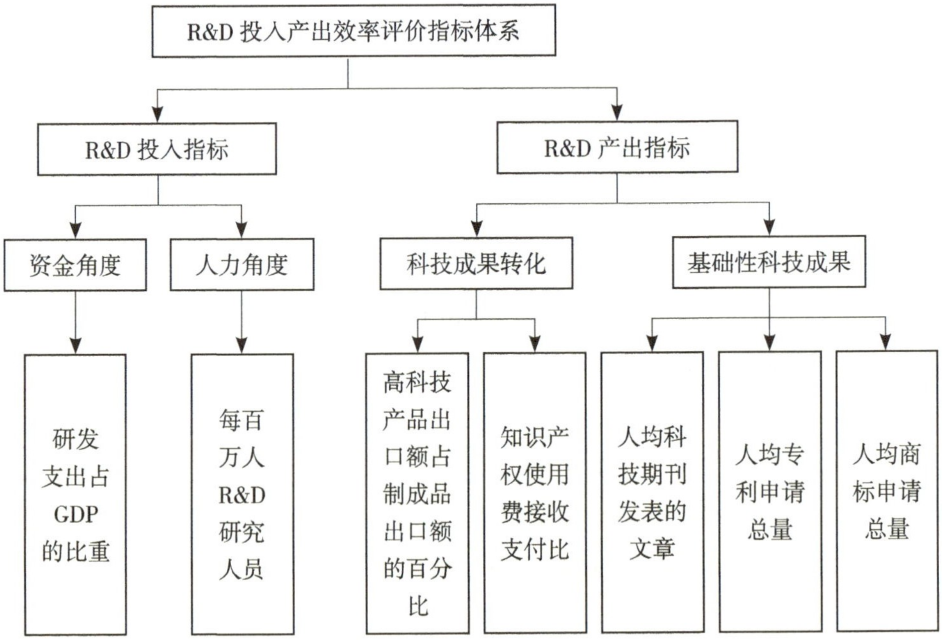

图 4.1　R&D 投入产出效率评价指标体系

四、Malmquist 指数方法测算

DEA 静态测量可以获得不同时间点的投资效率值，是一个相对效率指标。Malmquist 指数法用于衡量多年来投资效率的变化，可以补充静态分析，还可以更全面地了解行业的投资效率状况和趋势。

Malmquist 指数衡量在 t 时期的技术水平下，从 t 时期到 t+1 时期的效率变化，以及在 t+1 时期的技术水平下，从 t 时期到 t+1 时期的效率变化，刻画出不同时期决策单元的效率演化过程。同时，它将指数分解为技术进步和技术效率变化，进一步描绘对效率变动的影响程度。Malmquist 指数的表达式为：

$$M_0\left(X_{(t+1)'}Y_{(t+1)'}X_tY_t\right)=\left[\frac{d_0^{\,t}(X_{(t+1)'}Y_{t+1})}{d_0^{\,t}(X_{t'}Y_t)}\times\frac{d_0^{\,t+1}(X_{(t+1)'}Y_{t+1})}{d_0^{\,t+1}(X_{t'}Y_t)}\right]^{\frac{1}{2}} \quad (4.5)$$

TFP 表示 Malmquist 综合效率指数。TFP>1，投资效率提升；TFP=1，投资效率不变；TFP<1，投资效率退步。TFP 可以分解为综合效率变动（effch）和技术变动（tech）两个部分，TFP 的大小是综合效率变动（effch）和技术变动（tech）两者其后作用的结果，综合效率变动（effch）又可以进一步分为纯技术效率变动（pech）和规模效率变动（sech）。

五、湖南省智能装备制造业企业 R & D 外部影响因素 Tobit 分析

（1）Tobit 模型回归分析过程及内容

在对 R&D 效率进行综合研究时，利用 DEA-Malmquist 进行效率值的测度仅能反映不同时期的效率水平及变化趋势，而引起效率值变动的影响因素研究可以使人们进一步提高对提升 R&D 效率方法的认识。因此本文用引起效率值变化的影响因素作为解释变量，以 DEA-BCC 中综合效率值作为被解释变量构建回归模型。由于 DEA 模型测度后的效率值将处于 [0,1] 区间，为受限因变量，常规的回归方法不能解释其中极限值和非极限观察值之间的性质差，因此利用 Eviews8 进行 Tobit 回归。

其中 Tobit 回归模型具体形式是：

$$TE_{ij}=\beta_0+\beta_1 Gov+\beta_2 Sca+\beta_3 Mo+\beta_4 Com+\beta_5 Ent+\varepsilon \quad (4.6)$$

其中 TEij 为第 j 个创新时期第 i 个省的综合效率指数，β_0 是常数项，Gov、Sca、Mar、Com、Ent 为解释变量，分别是政府支持、企业规模、市场开放度、市场竞争、企业自主创新五个影响因素。各个解释变量的待估影响系数 i=1,2，……，n; ε 为误差干扰项。用 Stata14.0 进行 Tobit 模型回归分析：

表 4.2 Tobit 回归分析结果

自变量	系数值	标准误差	Z 值	P 值
Gov	−0.644215	0.310041	−1.891569	0.0903*

自变量	系数值	标准误差	Z 值	P 值
Sca	–0.353078	0.224537	–1.121075	0.0615*
Mar	0.273352	0.351201	2.512415	0.0059***
Com	1.639305	0.225162	2.232524	0.0000***
Ent	1.335612	0.217412	4.521356	0.0000***
C	3.162342	1.110165	5.217013	0.0000

注: * 表示 10% 的显著水平; ** 表示 5% 的显著水平; *** 表示 1% 的显著水平。

①政府支持度对高技术企业 R&D 效率的影响因素为 –0.644215，在 10% 水平上显著，表明在 R&D 投入产出成果到实现经济效益的过程中，政府补贴会对高技术企业原有研发投入挤出效应大于激励效应，这主要是因为在政府提高对高技术企业 R&D 投入的情况下，虽然扩大了企业规模，但社会效益大于经济效益，同时政府 R&D 资助会受到寻租活动的影响，甚至出现“委托–代理”的情况，即政府无法有效地监督创新主体对政府 R&D 资助是否予以合理充分利用，从而降低企业 R&D 效率。表示政府没有制定出合适的资源配置和管理策略，对 R&D 活动的监管不到位，导致 R&D 创新科技成果浪费。此外，影响因素系数较低，说明对于研究与发展试验经费，政府的资金支持的作用力不大；政府对企业的资金资助主要是为了把握好企业 R&D 投入方向，给予一定激励，但大多数高技术企业侧重于直接引进技术或对先进技术进行模仿，忽视了对新技术的自主开发，没有将研究与开发视为核心要素，导致偏离了政府给予资助的初衷，没有达到预期效果。因此对于创新效率的提高，政府应从宏观角度着手，充分发挥市场在资源配置中的决定性作用，在此基础上做好市场监督管理工作。

②企业规模与高技术企业 R&D 投入产出效率呈现 10% 水平上的显著负相关。说明在当前时期，一味地扩张企业规模不利于 R&D 产出效率的提升。这与王黎明（2018）通过分析企业规模与大型国有高技术企业协同创新相关性中结论相近：企业规模与协同创新水平之间呈现非线性负相关。这可能是由于面对不断扩大的企业规模，企业内部管理控制能力和管理模式需要根据企业自身情况做出相应调整，在规模扩张下企业面临内耗增加、企业资金周转速度慢等情况。苏昱霖（2017）通过对 R&D 投入要素影响因素研究也得出相关结论，例如基于企业规模与研发

资金有长期稳定的协整关系，企业规模扩张将会对研发资金投入产生负向作用。高技术企业 R&D 活动中需要较高资金投入，且 R&D 产出存在滞后性，盲目扩张企业规模容易导致 R&D 效率的滞后，不利于对 R&D 活动的要素投入。

③市场开放度系数为 0.273352，在 1% 的显著性水平下，与高技术企业 R&D 效率之间存在正向相关关系。当市场开放度每提高 1%，将引起 R&D 效率增加约 0.27%。这一结果说明加大出口力度会提升企业综合创新效率，这与当前现有文献中大部分结果相同，提高对外开放程度能有效提高企业技术创新效率。市场开放度对研究与开发创新主要有以下几点影响：一是市场开发程度越高，吸引外商投资的机会就越多，可以有效地解决部分高技术企业研发资金投入问题，提高市场竞争力。及时了解市场发展动态，把握需求方向，促进技术创新效率的提高。二是市场开放度越高，越有利于区域内高技术企业的学习和消化处于领先地位的外资企业的研发行为和管理模式，在这一过程中获取知识溢出效应。在与国外技术领先的企业进行合作与交流过程中，可以促进企业更新管理理念完善管理体系，吸收学习优秀技术和知识，提高自身 R&D 效率，营造行业内更好的技术研发创新环境。三是市场开放度高对区域内企业整合专业型人才、先进知识、新产品技术等资源，弥补内部研发投入资源不足的缺陷，实现协同发展具有重大意义。

④市场竞争系数在 1% 的显著性水平下，与高技术企业 R&D 效率之间存在正向相关关系。当市场竞争指标每提高 1%，R&D 效率增加约 1.64%。随着“十三五”规划、创新驱动发展战略等国家支持手段的实施，我国高技术企业发展逐步成熟，尤其自 2014 年提出“大众创业，万众创新”以来，作为新产品服务和新技术的中坚力量，高技术产业内企业数量得到明显提高，也促进了高技术企业 R&D 效率的综合提升。在一定空间内，企业数量的增加易产生集聚效应，这不仅节约了大量运输成本和技术联系成本，使得企业各自有更多资源用以进行 R&D 活动，还有利于汇聚更多专业性人才和劳动力，提高区域内劳动生产率，从而吸引更多企业入驻。这样循环累积的因果效应是高技术企业持续提升 R&D 产出效率的重要推动力。也就是说，随着激烈的市场竞争环节，企业将会进行 R&D 活动来提高自身技术创新水平，通过加强企业的 R&D 投入，减少了市场垄断、一家独大的可能性，实现多样化发展。

⑤企业自主创新系数为 1.335612，在 1% 的显著性水平下，与高技术企业

R&D效率之间存在正向相关关系。说明高技术企业中R&D所投入资金在R&D内部支出中占比越高，越有利于投入产出效率增加，提升自主创新能力。企业作为市场经济的主体，如何追求利润最大化是关键目标。从人力、资本、设施投入R&D产出成果，再到成果转化为实际生产力，注重内部R&D活动研发投入对提高企业自主创新能力至关重要，也是避免高技术企业在行业内受到竞争威胁，实现真正经济效益的有效手段。一直以来发达国家对我国实施的技术封锁使得我国在获取核心关键技术上存在一定阻碍，因此我国各地区也在大力推进自主研发创新。但是在资金投入方面，政府的资金支持在R&D经费内部投入中占很大比重。而从政府资助这一影响因素分析结果得知，政府资助与R&D效率提高存在负相关，因此高技术企业作为新知识和新技术重要产出来源，企业自身内部重视R&D研发投入，有利于营造浓厚自主创新环境，而浓厚创新氛围又可以反作用于企业内部自主创新绩效趋势，具有促进作用。

（2）Tobit模型回归分析结论

在选取5个影响因素对高技术企业R&D综合效率值的变化进行Tobit回归分析后得知，当政府支持度每增加1%，高技术R&D效率降低0.64%；企业规模每增加1%，高技术企业R&D效率下降0.35%；市场开放程度、市场竞争力和企业自身创新意识每提高1%，则会分别带来高技术企业R&D效率增加0.27%、1.64%、1.34%。因此市场开发度、市场竞争指数、企业自主创新程度对高技术企业R&D投入产出效率均产生显著的正向作用，而政府支持和企业规模的增加对R&D效率的提升作用不显著，甚至存在负向作用。

第五章 影响湖南装备制造业经营效率的因素分析

第一节 政策设计配套不够完善

《资本论》指出，法律强制约束工作时间，推动了生产力发展，资本家不得不控制生产费用，从而促使了机器的改进与技术的进步，规模工业实现扩张，新的技术得以用于生产作业中。此外，许多学者指出，18 世纪英国的专利保护政策使技术创新得到保护，例如爱迪生的众多发明都是建立在前一项发明专利所获得的经费的基础之上，这对于世界各国来说都是良好的示范。在国家角度和企业角度上，政策对于经济发展、技术创新和产业升级都有着非常重大的意义。

就目前我国装备制造业的政策而言，2020 年发布的“十四五”规划提出，发展战略性新兴产业，包括新一代信息技术、生物技术、新能源、新材料、高端装备、新能源汽车、绿色环保及航空航天、海洋装备等产业。规划还提出推动互联网、大数据、人工智能等同各产业深度融合，推动先进制造业集群发展，构建一批各具特色、优势互补、结构合理的战略性新兴产业增长引擎，培育新技术、新产品、新业态、新模式。

政府行为能够从宏观上提升高端制造业的发展，行之有效的政策制度能够规范市场环境，有效避免信息不对称和资源浪费的情况，促进工业的发展与进步。考虑到政策制度的量化，本书选取政府参与程度、创新研发投入情况等指标进行表示。

第二节　过程有效性评估不够彻底

智能装备制造业是指以机器或自动控制系统代替人类的体力劳动，运用现代信息技术和网络技术，对传统装备进行智能化改造，提高装备的数字化、智能化、网络化水平，实现全过程智能化的装备制造业。智能装备制造业是战略性新兴产业和先进制造业的重要组成部分，是数字经济发展的基础和前提。湖南省智能装备制造业规模以上企业数量少、规模小，缺少大型智能装备制造业。在智能制造模式下，湖南省智能装备制造业受多种因素影响，发展过程中面临诸多挑战。

一、装备制造业智能化发展无统一标准

在装备制造业智能化发展过程中，为了保证网络空间信息的对接与正常使用，需要各种信息集成软件、部件接口、网络端口等统一连接标准。而对于大部分企业来说，发展技术是其主要的关注目标，未真正重视其设备及技术管理的标准化水平。由于产品来自不同的生产厂商，大部分传统制造业自动化系统技术没有统一的标准参数。在智能制造发展带来新的生产模式的同时，统一的管理标准也需要建立起来。工业和信息化部、国家标准化管理委员会设立了智能制造相关建设标准，但湖南省装备制造业智能化标准的普及工作仍需相关部门加以重视，避免标准缺失与交叉重复等问题。

二、装备制造业智能化程度与现代服务业发展未同步

现代服务业发展水平会对装备制造业智能化发展产生一定的影响，良好的现代服务业会起到有力的推动作用。在装备制造业智能化发展过程中，智能流程设计、智能监控技术、智能集成管理软件等都对现代服务业的发展产生了深远的影响。然而，目前我国的发展水平与工业发达国家相比还存在着一定的差距。一方面，智能制造服务业市场并未得到充分重视，相关的政策与体系不够完善，市场化程度达不到标准；另一方面，由于传统服务业占比过大，导致总体供给过剩，而制造服务业产业比例偏小，供给不足的问题时常出现。此外，智能制造业专业

人才服务体系发展不完善，智能制造技术型人才需求量大、人才缺乏情况严重。

三、对数据的统计分析不够深入

对企业生产经营数据进行统计分析，是对生产经营过程进行评估的重要手段，目前湖南省智能装备制造业的统计分析工作主要是由省、市、县（区）工业和信息化部门和相关行业协会承担，这种分工导致了在数据统计分析中存在两个问题：

第一，对同一数据使用不同统计方法。由于不同行业的生产经营方式不同、企业规模不同、产业结构不同，所采用的统计方法也会有所差异。比如，在对湖南省智能装备制造业进行统计时，就无法对同一企业在不同时期的生产经营数据进行比较分析。

第二，对不同行业间的数据比较分析不充分。湖南省智能装备制造业的统计分析工作，主要是由省工信厅和相关行业协会承担，这样就会造成只对本行业的数据进行统计分析，而没有将本行业和其他行业进行比较。这种分工导致了湖南省智能装备制造业的统计分析工作只能反映出本行业和其他行业在某个时间点上的情况，无法从时间序列上反映出各个企业在某个时间段内的生产经营状况，从而不能深入地对企业生产经营过程进行评估，也不能有效地利用企业间数据进行比较分析，进而影响到对企业评估工作的整体效果。

四、对相关的质量信息重视程度不够

智能装备制造业在生产过程中对相关的质量信息重视程度不够，不能及时向管理者反映问题并采取相应的解决措施。部分企业生产出的产品存在质量问题，给企业带来了很大的损失，不仅会影响到企业自身的声誉和形象，也会影响到智能装备制造业的整体发展。因此，智能装备制造业需要重视相关的质量信息。在进行过程有效性评估时，企业需要根据实际生产情况，对相关的质量信息进行收集、分析、处理，通过对这些信息的有效利用，实现质量改进。

目前湖南省智能装备制造业对相关质量信息的重视程度不够，具体表现为：没有设置专门的质量管理部门或岗位，质量管理人员较为缺乏；质量管理人员不能及时发现生产过程中出现的问题，无法有效地组织相关人员进行调查研究，及时采取有效措施，解决质量问题；质量管理人员缺乏相关的质量管理知识，无法对质量信息进行有效的收集、分析和处理；相关的质量信息无法有效利用，面临的风险缺乏有效的预测和评估；缺乏对数据质量的监管，相关数据不能达到要求或在数据处理过程中存在错误等情况，导致相关人员不能正确、及时地作出判断和决策，从而导致生产过程中出现问题。

第三节　政策执行落地成果不佳

一、智能制造装备业主要政策类型

近年来，湖南省在推进经济发展特别是产业结构调整和升级方面，出台了一系列政策措施，涉及支持智能制造装备产业的政策，既体现在稳增长、调结构的综合施策中，也体现在专项产业发展政策指导意见中，还体现在支持企业自身发展等具体措施中。经过初步梳理，这方面政策措施，大致可以分为以下三个类型：

（1）方向指引性的政策

主要是将高端制造业作为重点发展方向，其中包含智能制造装备业的一些内容，但没有单列目标和任务，因此在政策扶持上具有宽泛性。

一是湖南省委省政府出台的关于加快培育发展战略性新兴产业的决定和湖南省“十二五”规划纲要中，“智能化”概念还没有出现，但出现了智能电网、智能家电等少数相关产品，以及智能制造装备业中一些核心产业，比如提出的重大成套技术装备、数字化柔性化及系统集成的重大基础装备、新型基础零部件、新能源汽车、电控系统工程机械及工业机器人、高性能船舶及新型船用机械制造等，并成为政策扶持的重点对象。

二是在湖南省政府发布的战略性新兴产业“十四五”发展规划中，提出智能化装备的概念，并在前两项政策明确的产品基础上，对精密性、环保型、高强度、节能降耗的装备做出更加具体的安排，尤其强调要大力发展自动化成套技术及装备、集成电路装备制造、现代传媒装备制造、太阳能和地热能采集装备、大型煤气化炉和聚合反应釜等关键成套设备，范围较以前有了大幅扩大，涉及生态和新能源，并从一开始就注重产业链规划和打造，每个重点行业都配有相应示图，指引了产业上下游发展方向，如图 5.1 所示。

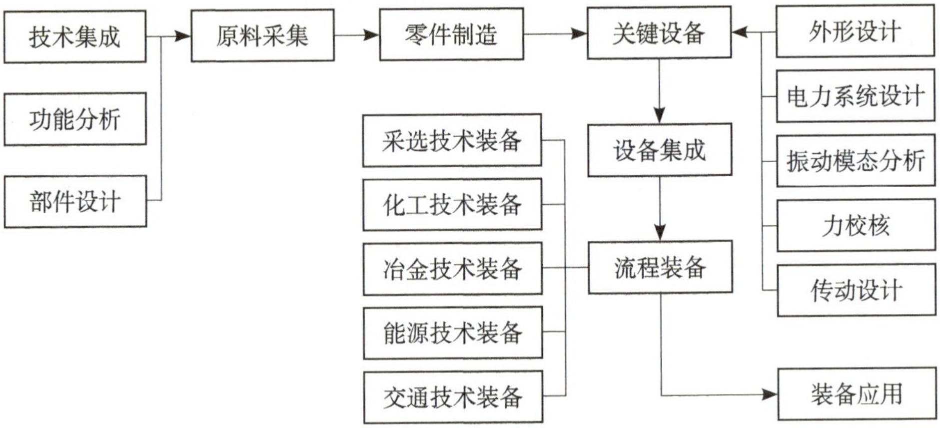

图 5.1　智能制造业上下游发展方向

三是在《湖南省打造国家重要先进制造业高地若干财政支持政策》中，提出制造业智能化的目标，要求打造具有自主知识产权品牌的本土产品，让湖南的重大智能制造装备成为工业战线的生力军，并在全国具有较高的地位和优势。

虽然在这类政策文件中，对智能制造装备业的扶持没有单列部署，针对性和聚焦度显得不够，但在战略引领上进行了明确，为各地选择适宜的先导性产业指明了方向，而且在共性政策支持中都将其纳入范围。总结起来，主要有三个方面：

一是实施工程类项目。比如湖南省装备制造业“十四五”发展规划中指出，要充分利用五大优势技术装备，即高端工程机械、先进轨道交通装备、中小航空发动机及航空航天装备、新能源电力装备、新能源与智能网联汽车。做优做强五大新兴技术装备，即环保技术装备、智能制造装备、智能化农机技术装备、智能矿山技术装备和特种技术装备。培育发展四大未来技术装备，即大型文化旅游技术装备、智能化高端医疗技术装备、智慧化城市建设技术装备和深空深海极地技术装备。围绕装备制造业高质量发展，将从技术创新能力提升、工业基础再造、产业体系建设、转型升级、产业集群集聚发展、市场主体培育、抱团结伴出海和高端人才培育方面实施八项行动。

二是强化要素保障。按照“集聚一批高端人才、突破一批核心技术、建设一批创新平台、培养一批中介组织”的思路，实施股权和分红激励机制，有针对性地培育扶持创新团队、技术领军人物和高技能人才。整合省各类产业培育、技术改造等专项资金，在坚持权限不变、渠道不变的条件下，重点向战略性新兴产业倾斜，逐步扩大引导资金规模，主要用于支持重大项目、重点企业、产业基地等。同时强调金融机构必须落实好支持新兴产业的要求，因地制宜设计开发金融新产品，提供更加有特色的服务，为智能制造装备业成长当好“娘家人”、做好“助推手”。组织实施重大科技专项进行技术攻关，着力建设企业技术中心、工程（技术）研究中心和成果转化基地，积极发展生产力促进中心、科技企业孵化器等服务中介机构，支持外资企业与省内企业、科研机构合作申请省科技开发项目和产业化项目，促进一些智能制造技术快速提升和新产品涌现，加快了成果转化进程。

三是注重共同推进。发展新兴产业不是哪一家的事，要群策群力，充分发挥各地政府主导作用和企业主体作用，形成推动战略性新兴产业发展的合力，并实行责任制和评估考核，建立跟踪服务机制等，千方百计提高各地抓新兴产业包括智能制造装备产业的积极性和主动性。

（2）直接推动性的政策

主要指从省级部门到省政府层面，都开始把智能制造装备业发展摆上突出位置，出台专项发展政策，从目标设计、任务安排以及保障措施等各方面进行系统谋划，并作为产业结构调整的重点来推进。主要有三个重要政策：一是发展改革委出台的关于加快发展湖南省智能制造装备产业的指导意见，这是第一个专项政策。在培育企业目标上，要做到不仅在全国有重大影响，还要在国际具有较强竞争力，并形成比较完整的产业体系，形成一批重要产业基地；一些智能制造装备产品在全国具有重要分量和重大影响力。二是人民政府出台的关于深入推进高成长性产业加快发展的意见，把智能制造装备作为十大高成长性产业之首来支持，这是第一次作为省级层面推动性政策，明确要通过实施智能装备示范工程、加强产学研联合、推广智能制造生产模式、培育壮大产业园基地等方式，扶持做大智能制造装备相关产业。三是湖南省发展和改革委员会等部门联合下发的湖南省智能制造装备创新发展工程实施方案，对未来三年智能制造创新发展提出新要求，强调以示范应用带动产业发展，以系统集成带动产业链完善，以产学研合作带动技术创新，建设一批智能化生产线和数字化车间，力争形成特色明显的智能制造装备产业体系和具有核心竞争力的产业集聚区。

不仅如此，在这些政策文件中，还提出了更加具体的扶持政策，拿出真金白银支持产业发展：一是整合财政专项资金，明确在省战略性新兴产业发展引导资金中设立智能制造装备产业专项，通过贷款贴息、集中投入、有偿使用、入股投资等方式，重点支持相关产业技术研发应用、产品检测和市场开发等，撬动和引入更多社会资本和金融资本，筹集设立相关产业发展母基金，采取市场化运作模式，扩大产业规模和层次。二是组织实施智能制造装备应用示范工程和创新发展工程，明确省高技术专项、重大技术装备专项、自主创新能力等建设资金，对智能制造装备的企业给予一定的税收减免和补贴，支持智能制造的示范应用、研发平台建设和成果转化，并建立依托重大工程发展机制推进实施。三是支持智能制造装备骨干企业改制上市、引进战略投资者、发行企业债券等，支持民营企业和国有资本相互进入共同做大做强产业，积极运用全国中小企业股份转让系统和区域性股权交易市场进行融资，满足产业发展初期资金需求。四是通过实施省“百人计划”和“外专百人计划”等方式，建立智能制造装备产业紧缺人才开发目录，培养引进符合产业需要的领军人才、创业团队和专技队伍。五是在一些地区探索推行工业用地先租后让和租让结合用地制度，优先保障产业项目用地。六是积极支持中国科学技术大学先进技术研究院、智能制造技术研究院等研发机构发展，加快核心技术攻坚和科技研发成果转化。七是推广“负面清单”管理方式，按照“非禁即入”的原则，积极承接吸引境内外优质资本和企业的发展，引进产业不再是“捡到篮里都是菜”，不仅要求体量大、规模大，还必须是产业链式，有很强的集聚效应，以及较高的外向度。八是加快推进“两化”融合，实施示范行动，完善管理体系，打通研发应用对接通道，降低小微企业使用标准，推动实施网络制造新模式。

（3）扶持企业性的政策

智能制造装备业在湖南省还处于起步阶段，对该产业的支持不仅体现在产业政策上，还有很多体现在支持企业培育发展、企业技术创新和改造升级上。为促进经济稳定增长和结构优化调整，湖南省密集出台了一系列政策措施，重点支持企业转型升级、加强技术研发和开辟新兴市场，大力发展新兴产业，推动了智能制造装备业加速成长和壮大。主要有两个层面政策，对智能制造装备相关企业影响较大：

一是省级层面政策。①省人民政府出台关于促进经济持续健康较快发展的意见中，对加大企业帮扶力度和加快产业结构调整安排了有力举措。从帮扶企业上，不仅从及早下拨专项资金、认真落实结构性减税、继续允许困难企业缓缴五项保险费、补贴大中专学生就业费用等方面，着力解决企业资金需求的问题，还明确要求同等条件下优先采购本省产品，鼓励购买重大装备等产品，着力解决企业市场需求的问题。支持企业调整结构上，明确提出省支持企业自主创新的优惠政策和专项资金、有关资助和奖励政策一律延长，实施研究开发费用加计扣除、提高职工教育经费税前扣除限额等政策。②省委、省政府出台的关于大力发展民营经济的意见中，在推动民营经济发展上提出了不少含金量高、针对性强的措施，其中与从事智能制造装备生产经营的企业发展紧密相关的措施有三条：首先是实施强企工程，强调要打造一批自主创新能力强、市场影响力大的骨干企业；其次是将符合做大做强主导产业要求的民营企业技术改造项目纳入全省重点支持项目，给予贷款贴息支持，引导民营企业加大技术改造投入；再次是省财政每年安排扶持民营经济发展专项资金，以转移支付方式直接充实到县（市、区）担保公司国有资本金，重点培育产业方向符合要求、适应市场需求、增长空间广阔的小微企业。③省政府出台的关于金融支持经济结构调整促进转型升级的指导意见中，强调引导金融机构优先向汽车及装备制造业等主导产业提供信贷支持，对企业技术创新和嫁接改造的项目优先列入贴息扶持范围，并推广“风险投资＋银行贷款”联动模式，并明确要求省信用担保集团符合条件的省内高新技术企业提供优惠担保，支持企业与科研对接合作，开发生产最新科技成果，提升本地转化率和产业化率。这些都为从事智能制造装备研发和生产的企业提供了实打实地帮助。同时，省政府实施的简政放权、发布权力清单和涉企收费清单等措施，也为企业发展创造了良好环境。

二是部门层面政策。近年来，为落实中央和省委、省政府加大支持实体经济和中小企业发展的决策部署，湖南省政府相关部门积极主动作为，及时出台相关政策措施，有力促进了中小微企业发展。由于智能制造装备业企业绝大多数属于中小微企业，这些政策基本覆盖了该行业所有企业，受惠面较高。①省政府办公厅出台的关于进一步加强融资性担保体系建设支持小微企业发展的意见中，要求全省融资性担保机构坚持为实体经济融资服务，积极为符合产业政策有市场发展前景的小微企业提供融资担保；推动融资性担保机构与风投基金、创投基金开展合作，拓宽小微企业直接融资渠道，国有及国有控股融资性担保机构在坚持以支定收、保本运行的前提下，要大力支持小微企业发展特别是新兴产业发展。②出台的关于促进中小企业专精特新发展的实施意见中，明确把大力培育“专精特新”中小企业作为全省工业结构调整和转型升级的一项战略任务，只要企业有速度、有创新有质量、有效益，就要重点扶持培育。③湖南省经济和信息化委等八部门联合出台的关于促进个体工商户转为企业和小型微型企业升级为规模以上企业的意见中，在税收减免、社保扶持、金融支持、便捷服务等方面给予倾斜。比如规定“个转企”后符合小型微利企业条件的，减按 20% 的税率征收企业所得税；进一步创新金融产品和金融服务，增加对小微企业 3 ~ 5 年期的信贷产品供给；公共服务上开辟“绿色通道”等。

二、智能制造装备业政策问题分析

尽管湖南省智能制造装备产业发展取得了明显成效，但从目前总体情况看无论是产业体量，还是企业规模，以及总体投入、核心技术的突破等，都还处在一个起步阶段，面临的制约因素仍然不少。企业规模不大，集聚和带动能力还不强。究其原因，既有企业和产业自身发展规律因素影响，也有政府、社会等各方面环境包括政策问题的影响。

根据公共政策理论，政策问题不仅包括政策制定及内容，还包括政策执行及效果评估与监督，甚至可以说政策执行有效与否关系到政策实施成败。特别是当前，我们往往缺的不是政策有没有的问题，而是实际执行到位不到位的问题，很多政策都有，但到实际中往往是难以全面执行，或是执行中变了味。因此，我们在分析政策问题时，不仅要从顶层设计中找出政策不完善、有欠缺的地方，而且要从政策执行中查找落实不力等方面的问题，两头都要重视，不可偏废。下面，就着重从这两个角度进行分析。

（1）政策设计中的问题

①产业战略定位和聚焦度不高

战略管理理论认为，战略能促进组织在规划未来事业发展的过程中，体现超前性和方向性，可以激发组织成员的积极性和创造性。湖南省政府把智能制造装备业作为十大高成长性之首来打造，作为战略性新兴产业的重要支柱来培育支持。但毕竟“之首”还不是单列，在省级层面没有形成专项战略政策。尽管湖南省发展改革委出台了专门的指导意见，提出了目标任务和保障措施，但也只是行业指导的一个常规举措，一般重要行业都有相应的指导意见，这对其他部门和市县级政府的约束力不强，难以形成社会各方力量的合力推进。另外，从各市主导产业的首位产业选择来看，在长沙、湘潭等智能制造装备产业基础较好的地区，也只是把装备制造业作为首位产业来打造，还没有把智能制造装备业上升到更高的位置。一方面与这个产业目前体量较小有关，另一方面也反映了各地认识和重视程度不够。因为从产业内涵看，主导产业关键在于具有先导性和巨大增长空间，不能简单地以当前的体量和规模来衡量，要用长远的眼光来审视和谋划。目前，党中央、国务院已鲜明地提出实现制造业智能化，并作为制造业重要目标来推进，这就要求各地尽快把智能制造业发展摆上更高的位置，作为战略任务来推进。

②适应产业个性化需要的政策创新不多

指的是针对智能制造装备产业发展的新需要，财税、金融、人才、科技等政策支持还只是体现在一般性要求，创新做法较少。一是财政政策上，主要体现在专项支付，目前湖南仍是从战略性新兴产业专项中进行切块补助，智能制造装备专项还没有设立实施，其他支持中小微企业的扶助资金，落到智能制造装备业企业份额较少，不足以支撑新兴产业初期的需要。二是税收政策上，在落实国家对企业创新投入费用税前实施“加计扣除”政策时，由于实践中大企业把握和争取此项优惠政策的多，而绝大多数中小企业因为内部账目不全、争取政策的能力弱，难以获得该政策支持，导致这项政策优惠多数被大企业拿走。部分政策有待优化，比如试验区股权激励政策规定股权激励确权后的缴税程序应当对持股人的经济状况给予考量，由于股权激励对象基本上都是从学校毕业就进入企业的年轻技术人员，本身并无多少积蓄，获得的股份暂时又不能上市出售，要先完税就得举债，因此部分技术人员望而却步，选择放弃股权激励，好的政策难以落地，人才流失难以避免。三是金融政策上，尽管在支持上市融资和战略合作等政策引导上十分明确，但基本上停留在“导向支持”上，针对智能制造装备企业量身打造的金融产品较少。而且由于智能制造装备企业绝大多数仍处于成长期，金融给予的信贷额度普遍较低，程序也比较烦琐，再加上前期的研发和市场开拓资金需求量很大，很多企业融不了资甚至难以为继，针对新兴产业的金融创新亟需加快。四是人才政策上，一些内容没有大的突破，仍是老办法、老标准居多，比如招工补助中，湖南省高校毕业生就业见习补助、困难高校毕业生求职补贴标准等是三年前制定的，受近年来物价、生活成本上升等因素影响，相关标准已明显偏低。五是科技政策上，科技体制改革刚刚开始推动，相关法律法规的不完善和激励政策的不到位，特别是科技成果转化利益分配机制创新不够、知识产权保护不力等因素，严重影响了科技人才创新创造的积极性，科技创新平台中许多成果得不到及时有效转化，产业转化比较低。六是其他保障政策上，土地、水、电等都是按扶持新兴产业的一般政策使用，没有特殊照顾，有的操作起来增加了企业负担。比如少数企业反映电网企业参照电信等行业做法，在企业推行预付费系统，企业需先预存一定费用，由计费系统自动划转，预存款划完，系统就自动断电，这给企业带来了额外负担和压力，导致一些重大装备生产突然中止，损失极大。正因为存在诸多政策缺陷的问题，造成目前一些从事智能制造装备的企业举步维艰，从产业发展中获得的利益还很有限。

③政策制定中具体化和精细化不足

虽然在目前国家发展改革委的指导意见和省政府发展十大高成长性产业意见中强化了智能制造装备产业的地位和发展任务，但大多数政策都是原则性要求多，具体明确的支持措施较少，使用“鼓励”和“支持”用语较多，如何“鼓励”和“引导”表述细化不够，导致相关部门和企业很难准确了解，而且由于缺少政策清单和流程图，实际操作比较模糊，以致难于实施。比如很多文件中规定对税收增长较快的企业给予财政奖补，其中“增长较快”如何量化界定，没有一个准确的标准，是10%以上还是20%以上，没有一个严密的界定；是高于行业平均值还是高于本地经济增长率，往往都指向不明。还比如金融支持经济结构调整文件中规定“对在新三板和区域性股权交易市场挂牌交易的企业，比照现行上市扶持政策给予奖补”，如何“比照”都需要进一步具体明确。如此相应的是一些配套政策跟进不及时，导致很多原则性意见没有具体措施体现，比如湖南省政府出台深入推进高成长性产业加快发展的意见后，有些部门和相关地区还没有紧跟步伐，没有及时根据本单位特点制定有针对性支持措施，没有出台相应实施意见和操作细则，导致这些有利的政策悬在空中，落不到具体企业和项目上。

（2）政策执行中的问题

贯彻落实中央决策部署不能搞形式化、套路化、表面化那一套，要发扬“严”和“实”的作风。党的二十大以来，党中央、国务院高度重视政策执行的问题，多次强调并部署政策问效问责工作。从湖南出台的智能制造装备产业政策落实情况看，也存在缺少政策制定后落实情况的跟进服务不够，政策落实的跟踪反馈、评估评价、修正完善机制不健全等问题，主要表现在三个方面：

①政策宣传的力度和知晓度没有到位

从政策实施主体看，一些部门和地方政策宣传不到位，政策解读不够深入，企业无法清晰地掌握政策导向。部分智能制造装备企业对政府出台的政策知晓度较低，有的根本就不知道有这样的支持措施。从政策覆盖对象看，大部分企业对政策主动收集了解、研究分析不够，很难及时对号入座享受政策支持，中小微企业、个体工商户主动了解政策的程度更低。有些政策已经公开透明，但少数企业还存在“找后门”的想法，浪费精力。这两方面的问题交织存在，导致了一些政策受惠面偏低。虽然近年来各级政府出台了许多针对小微企业的扶持政策，但真正得到实惠的企业并不多。

②一些政策受利益影响执行效果不明显

这方面最突出的就是“融资难、融资贵”的问题没有根本缓解。一是“融资难”上，近年来，国家和省政府出台一系列政策引导金融机构加大对新兴产业和中小微企业支持，但是由于受利益驱动和风险防控，银行惜贷、控贷等现象比较突出，企业资金需求不足的形势没有得到根本改变；二是“融资贵”上，由于银行对贷款抵押、担保要求严格、标准较高，企业大量投资的设备不能作为贷款抵押物，融资成本始终居高不下。当然，部分企业自身建设不够规范、企业财务管理不健全、可供抵押资产少、信用等级偏低，客观上也影响了贷款获取。

③政策执行的持续性和长效性还不强

有很多政策的实施存在“开头热，后期冷”的现象，甚至少数政策文件到最后基本不发挥作用。究其原因有很多种，主要有责任分工不明和压实不够、跟进服务不及时、第三方监督缺乏、部分程序烦琐和僵化等因素。比如第三方监督方面，很多政策都是某个部门制定，然后自己实施，这种模式既没有形成执行目标体系，也没有引入社会第三方参与评估监督，往往随着领导人的变换而变化，导致很多政策实际使用寿命很短。还比如执行程序上，有些政策设计前置条件较多、程序比较烦琐，行政相对人的行为效率较低，部分办事人员面对客户的资料遗漏情况只是简单地按照程序办公，缺乏积极主动为客户解决困难的态度与能力，导致企业申办的事项得不到及时解决，影响了一些企业的积极性和产业发展的环境。中央推进“放管服”改革以来，极大地方便了企业和群众办事，“门难进、脸难看、事难办”的问题有所减轻，但想要实现办事“零跑动”仍需不断优化提升。

第四节　目标市场开拓有效性不足

一、分工体系的不利地位

我国是制造业大国，虽然装备制造业的生产规模早在2011年就已居全球首位，但是在全球分工体系中我国装备制造业一直处于不利位置。以湖南省装备制造业为例，参与全球市场竞争的方式主要有两种：一种是外商在国内不投资建厂，仅是将产品生产的某个环节，外包给我国装备制造业，企业按照外商要求生产加工再出口，这种情况下，装备制造业是以独立主体参与全球分工体系。另一种是跨国公司通过独资、合资等方式在国内建厂办公，这种情况下，装备制造业是专业化的从事全球分工体系某个环节的生产或服务。无论是哪种方式都可以说是世界制造业的加工车间。我国早期参与全球市场竞争的产业主要是劳动密集型的服装鞋帽、塑料制品等，入世后，我国开始借助跨国公司产品加工制造的国内转移，逐渐向汽车、电子通信、运输设备制造业等产业转移。目前，我国已被称为世界的“制造工厂”，最终产品的出口比率明显高于其他类型产品，中间产品的进口比率明显高于其他类型产品，这说明贸易结构主要是进口中间投入品，出口最终产品的特征。在全球分工体系中，装备制造业主要从事的是产品加工组装业务，说明参与全球市场竞争的手段仍然停留在依靠劳动力成本优势的产品粗加工竞争层面上，在国际竞争中还没有形成技术竞争优势与美国、日本、德国等制造业发达国家抗衡。

二、价值链分配的微薄利益

装备制造业市场势力的缺失不仅体现在全球分工体系的不利地位，从价值链利润分配中也可以反映。因为装备制造业在全球分工体系中从事的主要是产品加工或组装业务，所以价值链的巨额利润就被那些拥有核心技术、产品品牌、产品销售渠道的发达国家所瓜分，而处于加工生产贴牌生产的装备制造业大多数只能获取微薄报酬。

从罗技公司旺达鼠标的例子也可以看出价值链利益分配的严重失衡。美国旺达鼠标销售价格为 41 美元，在利润分配中，美国罗技公司可以获得 8 美元，美国摩托罗拉等原料供应商可以得到 15 美元，美国批发商和零售商可以得到 15 美元，但是加工企业仅能得到 3 美元，利益分配上的巨大差异反映出各国在价值链分工环节上对市场控制力的悬殊对比。所以在全球分工体系中，进口大量价格昂贵的中间产品，完成产品组装或加工，再向海外出口来赚取微薄的人工加工费，外资企业依靠廉价的劳动力资源，将主要依靠劳动力初加工的产品装配的分工体系环节转移到我国，而可以获取高额利润的产品核心技术、品牌、销售渠道等都掌握在自己手里。虽然我国装备制造业发展水平属于世界翘楚，但装备制造业制造技术的对外依赖现象依然存在，还是依靠引进消化再吸收的方式进行创新活动，相对于处于价值链曲线两端的国家，装备制造业市场竞争力非常薄弱。所以对于装备制造业而言，不能在逐步失去人口红利的同时，又由于创新滞后导致制造产品难以向高端转变。

三、外资企业抢占本土市场

近年来，外资企业在本土市场的竞争优势越来越明显，在本土市场的竞争地位正威胁着本土企业。一方面，外资企业在装备制造业参与国际竞争的过程中扮演着越来越重要的推动角色。虽然在改革开放初期加工贸易主要是以国有企业为主，但随着外商来华投资建厂速度的增加，外资企业在装备制造业参与全球分工体系的过程中扮演越来越重要的角色。另一方面，外资企业在本土市场日益增加的市场份额逐渐削弱了本土企业的市场竞争力。以手机制造为例，外资企业凭借资本优势和技术研发优势削弱了企业本土市场产品销售的渠道优势，确立了稳固的市场竞争优势地位。

四、本土企业盈利能力不强

无论是人均收入还是人均利润，外资企业盈利能力明显强于本土企业。以装备制造业的机床为例，2021 年外企机床年平均销售收入达到 13350.965 万元，高于同期的集体企业和私营企业的销售额，虽然国企机床年平均销售额高出外企销售收入近 25000 万元，但从产品销售收入增长率来看，国企机床销售额增长率低于同期外企机床销售收入增长率近 14 个百分点，外企机床行业的成长速度对我国本土企业构成了潜在威胁。在国际市场竞争中，湖南省制造业产品的市场占有率与发达国家相比仍存在不容忽视的差距。

从上述分析可知，面对当今严峻的国内外市场竞争环境，湖南省装备制造业正面临着产品低端、创新能力薄弱、对外技术依赖严重、市场竞争力不足等严峻问题，这种“有数量、没质量”的竞争事实都揭示着湖南装备制造业目标市场开拓有效性的不足，正处于不利竞争局面。

第五节　营商环境有待优化

随着大数据、人工智能等新一代数字技术的创新与突破，我国城市的数字化发展进入了全新的阶段，从“数字城市”建设向“智慧城市”发展转变。城市数字化发展已经不再是简单嫁接互联网技术，更多是在数据的基础上，融入以人为本的理念，结合现代科技，以实现对智能装备制造业的管控。此外，营商环境是智能装备制造业竞争力重要的衡量标准，优化营商环境是加强智能装备制造业竞争力、实现智能装备制造业效率提升的重要手段。为此，近几年来各个地区纷纷出台营商环境优化方案，期望通过营商环境改革以提高城市软实力，提升城市竞争力。在我国城市数字化发展与营商环境优化工作持续开展的宏观背景下，分析营商环境，对智能装备制造业的发展都具有较强的理论与实践意义。目前智能装备制造业的营商环境仍存在一定的问题，虽然营商环境建设取得举世瞩目的成就，但是与国际营商环境标杆国家相比仍存在差距，存在许多亟待改善的问题。

一、便利化营商环境有待提高

李克强同志提出的“简政放权、放管结合、优化服务”加快了服务型政府的建设，促进了政府服务职能的转化。全面从严治党的方针为我国打造了健康的政治生态环境，为营商环境优化奠定良好基础。各级政府的服务效率均得到有效提高，“放管服”改革取得成效。但部分行政部门仍存在着服务意识不强、服务效率需要提高等一系列问题，如国际贸易“单一窗口”服务功能并不完善；贸易和外商投资便利度不高；办理建筑许可“一件事”全流程并未建立；办理建筑许可便利度不高等。营商环境便利性需要进一步提高，便利化营商环境还有较大提升空间。

二、法治化营商环境有待加强

法治是营商环境优化的重要保障，但是有些地区营商环境法治化建设并不完善，如营商法律法规在部分领域仍然缺失，不能及时发布相关配套实施意见、执行标准等，法律施行效率不高；有些行政官员法治意识淡薄，做出决策缺乏法律依据，行政复议撤销时有发生；地方个别执法人员存在着错位、越位等问题，将惩罚当作目的而非手段，重罚轻纠。从立法执法、守法等层面，法治化营商环境建设都需要进一步加强。

三、市场化营商环境有待改善

《营商环境优化条例》中规定，各类市场主体均可依法平等进入除市场准入负面清单以外的领域，各类市场主体拥有平等获取各种生产要素、公平参与市场竞争的权利，任何组织单位不得使用行政权力排除、限制竞争。但在实际过程中，很多地方政府资源政策向大中型企业倾斜，小企业由于资源有限，往往无法参与市场竞争。此外，有些地区为了保护本地企业，在招商招标等各方面设置隐形门槛和障碍，使得外地企业和外资企业难以进入当地市场。市场活力需要进一步激活，市场化营商环境有待改善。

第六节 智能产业集群效应有待发挥

产业集群作为一种新的经济组织形式兴起于西方国家，关于产业集群理论的研究最早可追溯到亚当·斯密（Adam Smith，1776），他在《国富论》中谈到的分工与市场范围的关系，行业发展与市场竞争环境的关系等都包含着与产业集群有关的一些经济思想，对之后的研究有深远影响。Porter 在其 1990 年出版的《国家竞争优势》一书中第一次使用了“产业集群”（Industrial Cluster）这个概念，意指“一国之内的优势产业以组群的方式，借助各式各样的环节而联系在一起，并在地域上集中”，这一概念得到学术界的广泛认同。

然而，也有学者从其他的专业和视角，对产业集群的概念提出批评和质疑。Heldand Steiner（1996）认为对集群概念的盲目使用使得集群理论的研究在实践中遇到一些问题。Markusen（1999）认为产业集群的概念仍然不明确。Martin and Sunley（2003）对集群理论进行反思，指出研究中存在地理界限不清、涵盖企业范围缺乏精确的衡量标准、识别方法缺乏一致性等问题。Malmberg（2003）指出了理论研究没有将 cluster 和 clustering 加以区分，导致无法明确应该从空间角度、功能角度还是政策角度出发去研究集群。Wolfand Gertler（2004）以案例分析为基础，指出从功能角度和政策概念角度定义集群概念有时会出现矛盾。他们认为，在一个集群中，同行业企业之间直接的知识共享事实上并不多，企业间及供应商之间的相互学习更多地通过地区组织间接的联系实现，知识资源的供给也不是局限于本地。结合 Porter 关于产业集群的定义以及其后各学者对集群理论所提出的质疑与修正的观点，将产业集群的定义归结如下：产业集群是指一群位于同一地理区域的相关企业组成的集合体，集群内部各要素之间通过人际网络关系、价值链关系和竞争合作关系构成的特殊的产业生态系统。产业集群具有明显的产业特性、地域特性与网络特性，即产业集群首先是某产业的企业；其次是该产业的企业落户在某地；再次是落户在该地的某产业的企业与其他单位构成一个网络组织。在产业集群中，产业是区域经济的增长极，区域是产业的栖息地，区域内产业规模大、人才丰富、知识、信息资源大量共享，形成很强的市场势力。

目前，湖南省装备制造业产业集群建设已经成为湖南省壮大区域经济产业规模、提升产业竞争力的有效途径，一批辐射带动力强的龙头企业产业脱颖而出，优势产业逐步形成了集群发展且有一定的规模，规模效应明显，但其发展过程中也存在一些问题和不足。

一、产业集中度低，产业链不健全

湖南省装备制造业中大多数产业集群的产业集中度低，产业集群的优势不能充分体现，集群的产业链不能得到伸展和延伸，使得产业链一些环节缺失，如主导产业的上下游服务产业等，产业链不健全。引起湖南省装备制造业产业集群集中度低，产业链不健全的主要原因有两个方面：一方面是湖南省装备制造业集群中大部分是产业链较短，产业分工和专业化程度偏低，产业前后缺乏关联性。湖南装备制造业产业集群内企业的生产经营大部分都是处于单一产品制造环节上，企业间联系不强，主导产业链条短且单一，导致产业链不完善，使得上下游产业发展的竞争优势严重缺失，这种下游产业的缺失在一定程度上又限制了上游产业的提升，最终导致产业集群的竞争力优势不能充分发挥。另一方面是湖南装备制造业产业集群中企业配套能力弱。据有关部门测算，湖南省工程机械、轨道交通、航空发动机等高端产品的关键性基础零部件，诸如高档液压元器件、低速大扭矩发动机、控制元器件、数控系统、高强度钢板、高压开关、航空高端材料等长期依赖进口或由外省配套，省内自主配套率不足 20%。湖南省装备制造业零部件的产化率不足 40%，省内配套率为 30% 左右[①]。尽管近些年湖南省机械装备制造业“收紧指头成拳头”，集中资源重点发展工程机械、电工电器、汽车、轨道交通设备四个优势产业，在全国十大工程机械基地中，长沙销售收入与利润总额均位于前列，然而湖南省机械行管办对工程机械主导产品混凝土泵车、汽车起重机和混凝土泵三类产品的主要零部件（不包括钢材）的调查显示，按价值量算，省内配套只占 10%，外省配套占 28.6%，国外配套占 61.4%[②]。显然可知，湖南装备制造业产业集群中的企业的配套能力偏弱，关键的部件、原材料、配件都是从省外购买，有的是从国外购买，生产成本大大增加，使得集群的低成本优势效应大

① 数据来源：湖南省人民政府工作报告。

② 数据来源：湖南省人民政府工作报告。

大丢失，产业链变得单一，不健康。湖南装备制造业产业集群这种产业集中度低，产业链不健全的现状，严重限制了湖南装备制造业产业集群的长远发展，不利于装备制造业产业集群产业链的完善和伸展，最终将制约了湖南装备制造业新型工业化的推进，影响装备制造业对整个湖南省经济发展的贡献潜力。

二、区位优势不明显，集群经济竞争优势整体偏低

湖南省装备制造业产业集群的区位优势不明显，集群缺乏充分有利的区位优势，使得集群规模难以得到扩大，集群经济竞争优势整体偏低。对于湖南省这一个现象的出现主要有以下几方面原因：一是与湖南省的地理位置有关，湖南是我国中部省份，属于内陆地区，与我国东部和南部港口城市相比，地理位置和交通运输等方面是处于劣势的，从而导致集群的建设、投资和能源消耗较大，企业的生产经营成本相对较高，集群的低成本的经济效应不能得到体现。二是与湖南装备制造业集群整体规模偏小有关。湖南装备制造业集群整体规模偏小，不能体现集群的规模经济效应，导致湖南装备制造业产业集群整体经济实力较低，缺乏竞争优势，抑制了集群的发展。三是与湖南装备制造业产业集群发展机制不健全有关。目前，湖南省的装备制造业产业集群在发展中存在着一些问题，如产业集群内部缺乏有效的协调机制，企业间竞争关系过于激烈；在产业集群发展中，政府对其管理缺乏针对性和灵活性，不能充分发挥其应有的作用；产业集群内的企业间缺乏沟通和交流，阻碍了企业间的技术、信息共享和创新能力；产业集群内缺乏完善的人才培养机制和良好的人才吸引、保留、激励机制；在产业集群发展中没有建立起科学合理的利益分配机制，没有充分发挥出企业家在企业发展中的作用等，这些都制约了产业集群经济竞争优势的形成和发展。

三、自主创新能力低，集群核心竞争力不强

自主创新能力既是产业集群的核心动力，又是构成集群的核心竞争力的重要组成部分，是集群持续发展和壮大的主要推动力。缺乏自主创新能力，产业集群竞争力就会大大降低，变成一个没有生机活力的集群，一个没有向前发展动力的集群，一个失去竞争优势的集群，最终失去自身存在的价值。从前面湖南省装备制造业集群发展现状和分析可以看出，湖南装备制造业产业集群与国内外装备制

造业产业集群相比，自主创新能力低，集群核心竞争力不强。造成这种结果的原因主要有：第一是湖南省装备制造业集群发展晚，发展的条件和形式都比较落后。湖南省的装备制造业集群绝大部分是根据当地的资源优势发展起来的，集群中大部分企业是低附加值、低投入、低技术含量的劳动密集型产业，初级加工较多，精深加工甚少，发展水平、层次较低，如果资源面临极限时，就会限制集群的发展。第二是集群内企业员工素质整体较低，高技术和科研人才严重缺乏。第三是经济历史文化发展、企业管理和产研结合等多方面因素的影响。最近几年，虽然湖南在引进高技术人才方面已经取得了可喜的成绩，但是，随着经济的发展，湖南装备制造业现有的几个大型产业集群均已变成是高技术的综合性产业，如工程机械产业集群，轨道交通产业集群等，对技术和科研有了更高的要求，高技术人才需求更大，所以湖南目前在引进人才方面成绩与集群产业需求相比还是相差较大，同时湖南集群的“产学一研”，即从产业到学习交流再到自主研发的升级模式严重不足，集群的自主创新能力低下，导致核心竞争力不能体现，集群失去其竞争优势，这将严重阻碍湖南装备制造业产业集群的竞争力提升，阻碍产业集群的升级和发展。

四、集群发展的外部环境不够完善，整体发展不均衡

集群要健康快速发展需要良好的外部环境。外部环境越是完善就越能为集群的发展提供有利的支持环境，促进集群的快速发展。从外部环境方面来看，湖南省装备制造业集群发展的外部环境是不够完善的，不完善的外部环境导致了湖南省装备制造业产业集群发展不均衡，专用设备制造业集群发展迅速，而装备制造业其他集群发展缓慢，规模小，整体发展不健康。引起这一问题的主要原因有以下几方面：

第一，与湖南省经济发展历史特点是分不开的。湖南省是我国中部二线省份，发展缓慢，从传统的计划经济走出来花费了相当长的时间，传统的经济习惯和观念的束缚较为严重，在相当长的一段时间内，当地政府对国内经济发展的各种措施和政策掌握不透，政策制定还是处于相当保守和谨慎中，在这一时期，当地政府对产业集群发展认识不清，有的甚至根本不了解，至于装备制造业产业集群发展内在机制就更是了解甚少。

第二，政府对产业集群发展缺乏整体规划和有效的宏观调控。湖南省的一些地方政府对装备制造业各行业的关注、指导、扶持力度不够，缺乏合理的统筹规划，政策支持和调控也不合理。常表现出来的是政府对优势行业投入较多关注，对较差的行业关注扶持力度不够，如对专用设备制造业就过度关注，而忽视对相对较差的其他行业的关注，像通信设备、计算机及其他电子设备制造业等，缺少整体统筹发展观，这可能会影响政府对集群整体发展的促进效果，甚至相当长一段时间是阻碍作用，最终导致目前湖南省装备制造业集群整体发展不均衡。因此，在21世纪以前，对湖南省的装备制造业产业集群没有加以科学的规划，引导和培育，过度关注主导产业——专用设备制造业，乃至过于依赖它，而忽略对其他装备制造业产业集群的建设和规划，对装备制造业产业集群发展缺乏长远规划，对产业集群的各种扶持政策和措施绝大部分都是向国外或者其他省份借鉴而来，只是对企业进行简单组合、堆砌，企业的各种正常的经济行为受到政府干预，经济活动不能正常运行，经济运行成本加大，竞争力大大降低。政府出台的产业集群发展政策也滞后于企业本身的发展，阻碍集群的形成与发展。

第三，湖南省各区域经济发展不平衡，产业集群政策执行常常受阻，落实不到位。虽然，近几年，经济不断发展，主导企业发展迅猛，国际和区域竞争日益激烈，产业集群化是提高湖南省经济竞争力的必然选择，随着各地方政府提高了对产业集群发展的认识，各地先后根据区域经济发展的需要出台了各项相应的扶持政策，并加大了执行监督，提高服务职能，落实各项政策，服务于产业集群发展。但相比于我国其他经济较快省份而言，产业集群发展政策还是比较滞后，服务职能是较低的，政府对产业集群发展的促进作用不明显，以至于湖南省装备制造业集群整体发展不均衡，一家独大，其他弱小。

第四，湖南省装备制造业产业集群的生产性服务产业发展不够完善，对产业集群服务和推动作用不明显。生产性服务业在为装备制造企业提供设计、研发、物流、金融等服务时，存在服务内容单一、专业化程度不高的问题。这导致许多企业在技术创新、产品升级等方面的需求得不到有效满足，制约了产业的高质量发展。虽然部分企业建立了研发中心或技术中心，但整体上创新服务体系尚未形成规模效应，缺乏有效的协同创新机制和平台，限制了新技术、新产品的研发速度和市场响应能力，影响了产业的竞争力。

第六章 湖南装备制造业经营效率提升的路径设计

经过前文对装备制造业具有代表性内容的研究，其结果并不乐观，经营效率整体水平没有达到理想的期望值。与发达国家相比，湖南省装备制造业发展严重落后，而且装备制造业发展中存在的问题严重制约了我国装备制造业结构升级和竞争力提升。通过分析湖南省装备制造业经营效率受哪些因素影响，这些因素是如何影响经营绩效的，为了改善装备制造业经营管理水平，下面提出了相关的建议，以提高湖南装备制造业经营效率和竞争力的提升。

第一节 完善装备制造业智能化转型的产业政策体系

一、积极贯彻国家政策

装备制造业经营绩效对国内生产总值有正向的影响，说明装备制造业经济的增长，带动国民经济的增长，因此应该重视装备制造业的发展，装备制造业是国民经济的脊梁，我国要打造自己的核心竞争力，必须振兴装备制造业。“十四五”规划建议中指明发展现代产业体系，提高产业核心竞争力，改造提升制造业，所以应该积极贯彻国家政策，促进装备制造业变大变强。装备制造业的各项经济指标占全国工业比重高达 1/5 至 1/4，同时它是外贸出口的主力，占全国外贸出口的 36% 以上，还是产业升级的主要手段，提供重大技术装备，也是国家安全的重要保障，在高技术和数字化的战争时代，要想取得战争的胜利，武器装备水平是决定因素，同时它还是国家的战略产业，是实现工业化的必要条件，是衡量国际竞争力的重要标志。所以积极贯彻国家政策，带动装备制造业的发展，从而促进国民经济增长。

二、加强政府对装备制造业上市公司的资金扶持

财政支出与装备制造业经营绩效呈正相关，说明政府积极扶持有利于装备制造业的发展。政府应该重点支持企业的技术创新活动，加大对各地公司技术中心建设、国家和市重点技术创新项目、引进高新技术等的拨款支持力度。加强对企业的知识产权保护、产品的质量认证、人才引进和激励等其他技术进步活动的资金支持。在“十四五”这个非常重要时期，抓住一切机遇发展装备制造业，上市公司应加强自身能力的建设，同时政府要给予相应的支持和宣传，为装备制造业整体发展指明方向。

三、重视国际贸易，开拓国际市场

进出口贸易与装备制造业经营绩效呈正相关，制定积极的贸易政策可以充分发挥政府干预和调节贸易的作用。为了支持企业参与国际竞争并开拓海外市场，湖南省政府应当鼓励企业参加国际展会，如德国汉诺威工业博览会、美国拉斯维加斯消费电子展等，以展示湖南装备制造业的实力和创新能力。其次，湖南省政府应当积极推动企业建立海外营销网络，包括设立海外分公司、办事处、代理商等，以便更好地推广湖南装备制造业的产品和技术。同时，鼓励企业与国际知名企业开展合作，共同开发新产品、新技术，提高产品的国际竞争力。为了加大对外贸易企业的扶持力度，还可以通过提供财政补贴、税收优惠等政策，降低企业的运营成本，提高企业的盈利能力。在积极引进国外先进技术和管理经验的同时，鼓励有条件的企业“走出去”，开展对外投资和跨国经营。推动与“一带一路”沿线国家在装备制造业领域的深度合作，共同开发第三方市场，实现互利共赢。

第二节 加强现代企业经营过程有效性论证与动态评估

一、保持股权适度集中

装备制造业的股权集中度与经营绩效之间存在正相关关系，这表明适度的股权集中有助于改善经营绩效。鉴于湖南省市场机制尚不成熟，保护中小投资者权益的法律法规还不够完善，资本市场和外部监督仍在发展中，因此需要加大执行力度。投资者通过股权集中形成控股股东，可以有效监督代理人行为，对其他股东转移、侵占中小股东权益起到制衡作用。如果股权集中，就能激励大股东监督经理层，并尽最大能力支撑公司的发展，总体上有利于公司治理机制的发挥。然而，股权集中度过高会使第一大股东的控股能力增强，缺乏对其监督容易损害中小股东的利益，导致上市公司存在严重的内部控制问题。因此，股权的适度集中是上市公司合理的股权结构，可以使大股东更有能力更积极地进行经营管理，在有关湖南省装备制造业发展的重大决策上做出有利于经营绩效提高的决定，同时避免大量股权过分集中于第一大股东手中，这样其他大股东们为实现自身的利益，会更加关注湖南省装备制造业长远发展，有利于提高其经营绩效。

二、优化债权治理结构

装备制造业是湖南省的重大基础产业，健全现代企业制度是非常必要的。湖南省上市公司内部治理和约束还不是很完善，具有一个适当负债比率的资本结构是较为合理的债权结构。优化债权治理结构不仅有助于更好地发挥财务杠杆效应，而且还能够促进公司治理结构的完善。针对湖南省装备制造业的特点，现提出以下几点建议：

（1）完善偿债保障机制

由于湖南省偿债保障机制还没有完善，需要建立一套有效的法律制度，如建立完善的信用评价体系。目前信用评价市场是一个不统一、不规范、供需严重失衡、缺乏公正性的市场，必须建立有效的监管体系，建立健全法律法规，完善信用评价体系，制定一套带有指导性的信用评价体系，进行有效监督公司的信用评估行为，制止不好的债券进入市场，同时积极培育信用评估机构，以增强信用评估机构的竞争性，使信用评估机构能够提供公正、客观的投资决策依据给投资者，促进债券市场的发展。

（2）大力发展债券市场

湖南省资本市场建设不完善导致上市公司融资结构存在着许多问题，解决融资结构不合理的问题就应该从湖南省资本市场着手，加大对债券市场的建设。然而，湖南省的债券市场还存在着规模偏小、品种单一、交易匮乏等情况，一个重要原因就是政府对企业债券的管制。所以在企业债券市场运行中，政府应减少不必要的行政干预，并且从政策、制度、法规上为企业利用债券融资创造良好的、宽松的环境，促进企业债券市场的完善和发展，进而推动资本市场的均衡发展。

三、加大管理层持股力度

湖南省装备制造业上市公司管理层持股比例与经营绩效呈正相关，说明提高管理层持股比例一定程度上可以提高经营绩效。然而湖南省装备制造业上市公司管理层持股比例较低，零持股现象普遍存在且比重很大，激励效应较难实现，因此应该加大管理层持股的力度。《上市公司股权激励管理办法》的出台表明我国政府大力支持管理层持股激励措施，通过给高级管理层持股权利，肯定上市公司经营者对公司运营所作出的贡献，同时可以激励他们更加积极工作。然而在加大管理层持股比例的同时还要注意管理层持股并不是无制约的，因为他们优先得到公司的信息，部分人员可能利用机密信息在证券交易市场上牟取暴利，因此必须对管理层持股建立严格的监督制度。同时加大职业经理人持股比例，拥有专业素质、高管理水平的职业经理人可以为上市公司创造越来越多的财富，所以加大职业经理人持股比例也是完善湖南省装备制造业上市公司管理层持股结构的一个重要层面。

第三节　构建结果为导向的沟通与激励机制

技术创新是企业持续竞争力的源泉，是产业发展的根本动力。本质上，技术创新是一种制度现象装备制造业是技术密集型产业，制造技术特别是先进制造技术已成为各地区乃至全球装备制造业争夺的市场焦点。与装备制造业强省相比，湖南装备制造业目前的技术创新投入不多、创新能力不高，其根本原因在于技术创新动力不足，而这又与激励机制不健全密切相关。因此，当前阶段，提高湖南装备制造业技术创新能力必须从完善技术创新激励机制入手，做好以下工作：

一、建立健全政府对企业技术创新的激励机制

首先，湖南省各级政府应通过公共采购政策安排，为装备制造业创造和增加新产品的市场需求，产生“市场拉动”效应。特别地，在合同采购总额中，应预留一定比例给进行技术创新的中小企业，激励和支持中小企业的发展。其次，政府可以通过直接的财政拨款和税收减免优惠来激励企业技术创新，为装备制造业技术研发提供资金支持。政府在保证财政资助效率的同时，也应保持一定程度多样化，适度打破所有制界限，给予私营装备制造业同等待遇的财政支持。再次，各级政府可以考虑设计更加合理的激励机制促进企业对引进技术的消化、吸收和再创新，不断增强装备制造业的自主创新能力。

二、完善激励企业技术创新的市场制度

一方面，政府应进一步破除垄断，加速竞争市场的培育，通过市场竞争的外力来促进企业技术创新；同时也要通过加大不正当竞争行为的打击力度，保证装备制造业竞争行为的规范有序，增强企业技术创新动力。另一方面，湖南省应引导建立和完善技术产权交易市场、高新技术成果展示市场、技术交易中介服务等直接促进技术创新成果交易的配套设施，健全和规范技术创新交易秩序制度，从而降低创新技术交易成本。

三、装备制造业应加强内部技术创新激励

技术创新是企业内在资源、多方协同的系统工程，它要求企业的文化价值观、绩效考评制度、利益分配制度与之相适应，以营造激励员工创新的适宜环境。为此，企业加强内部激励机制一是应改革产权制度，以股票期权等多种形式，将企业经营者和技术人员的个人利益与企业利益有机结合起来；二是应调整内部组织形式、规模和结构，为技术创新要素的有机组合提供条件，提高技术创新的效率；三是进行管理制度创新，形成人尽其才，才尽其用，沟通顺畅、合作有效的创新环境，最大限度地调动不同创新个体的技术创新积极性。

第四节　探索集成式市场拓展与平等竞争发展业态

区域创新环境内的基础设施环境、市场环境、人文环境和创业环境对不同区域范围的影响效果并不相同。通过在湖南省不同区域范围制定针对不同产业的政策，实现集成式市场的拓展，平等竞争发展业态。根据湖南省各区域产业结构高技术化和软服务业化的升级趋势不同、区域内创新环境推动产业结构升级的动力不同、区域创新环境在不同行政级别和区域范围内对产业结构升级的效果不同，需要有针对性地从以下三个方面进行政策的调整。

一、根据区域差异，制定产业结构升级合理目标

长株潭地区作为湖南省的经济核心区，将继续发挥其在科技创新和高端制造领域的引领作用。重点发展电子信息、生物医药、新材料等高新技术产业，同时推动传统制造业的智能化改造和绿色升级。通过建设一批高水平的研发平台和创新中心，吸引更多高端人才和引进更多先进技术，打造具有国际竞争力的产业集群。

洞庭湖生态经济区依托丰富的自然资源和生态环境优势，将重点发展绿色食品、生态旅游、环保装备制造等产业。通过推广循环经济和清洁生产技术，实现经济发展与生态保护的双赢。加强与周边地区的合作，共同打造长江中游生态屏障。

湘南地区将充分发挥其区位优势和劳动力资源优势，积极承接沿海地区产业转移，重点发展轻纺、服装、家具等劳动密集型产业，以及新能源、节能环保等新兴产业。通过引进先进制造技术和管理经验，提升产品质量和附加值，打造区域性制造业基地。

大湘西地区将依托丰富的民族文化和自然景观资源，大力发展文化创意、旅游商品制造等特色产业。同时，加强基础设施建设和人才培养，提升产业发展的整体水平。通过发展特色农业和农产品加工业，促进农民增收和农村经济发展。

二、合理利用不同区域创新子环境，推动产业结构升级

各区域创新子环境不同，使得各区域产业结构高技术化和软服务化升级的影响各不相同。因此，各区域应侧重改善对产业结构升级有正面影响的子环境。具体而言，长沙、株洲等地区凭借其雄厚的工业基础和科研实力，重点发展高端装备制造业，如智能制造设备、新能源装备等前沿领域，通过技术创新和产业升级，不断提升产品的附加值和市场竞争力。例如，长沙拥有众多知名高校和科研机构，为高端装备制造业提供了强大的技术支持和人才储备；株洲则依托其轨道交通装备制造的优势，积极拓展新能源装备等领域，形成了独具特色的产业集群。与此同时，岳阳、衡阳等地则侧重于传统装备制造产业的转型升级。这些地区拥有丰富的工业遗产和较为完善的制造体系，通过引入先进技术和管理经验，对传统产业进行改造升级，提高生产效率和产品质量，增强市场适应能力。例如，岳阳可以加强与高校和科研机构的合作，推动产学研一体化发展，促进新技术、新工艺的应用；衡阳则可以通过引进先进的制造技术和管理经验，提升传统装备制造产业的智能化水平，实现产业的转型升级。此外，湖南省还注重优化产业布局，实现资源的高效配置和产业的协同发展。通过制定科学的产业政策和规划，引导企业向优势区域集聚，形成产业集群效应，降低生产成本，提高规模效益。同时，加强区域间的合作与交流，促进资源共享和优势互补，共同推动装备制造产业的高质量发展。例如，长沙、株洲、岳阳、衡阳等地可以加强产业链上下游的协同合作，形成完整的产业链条，提高整个产业的竞争力。

三、合理规划区域创新环境

需要在不同行政级别的区域创新环境下注重不同的区域创新子环境建设。在全省范围内重视经济基础、科技资源、高层次人力资源、市场环境及金融环境的建设，完善对经济的宏观调控能力。东部地区、中部地区和西部地区应重视区域文化氛围的营建，加快基础设施信息化升级和市场环境建设。在城市层面，重视区域内的创业环境建设，加强区域内产业合作、刺激消费。同时，注重高技术产业与区域经济发展的协调，为集成式市场的拓展与平等竞争的发展业态创造良好的环境条件。

第五节　扩大市场开放度

根据“短板理论”，一只木桶盛水的多少，并不取决于桶壁上最高的那块木板，而是取决于桶壁上最短的那一块。随着产业分工的日益深化，地区间产业竞争已经转化为产业链条之间的竞争，区域产业竞争力的强弱不是取决于产业链中最强的环节，而是取决于产业链中最弱的环节。产业配套便是湖南装备制造业的短板、较弱的环节。因此，湖南省装备制造业要获得更大竞争优势，当务之急扩大市场开放度，拓展创新平台，增强产业配套能力。

一、鼓励配套企业对接先进技术标准

在日益激烈的竞争中，中小配套企业的技术能力是阻碍其成为中心企业供应商的主要因素。同时，中心企业是否在本地采购比较复杂和技术含量高的零部件也取决于本地配套企业的技术能力。因此，湖南省各级政府应出台相应的鼓励政策，敦促本地配套企业对接各类质量技术标准，通过诸如 ISO9001 质量管理体系认证、ISO14000 环境管理体系认证、OHSAS18000 健康安全管理体系认证、SA8000 社会责任管理体系认证等国际认证，或执行中心企业所采用的国颁标准、省或部颁标准，提高技术管理水平，为建立同中心企业的供货关系铺平道路。

二、构建中心一卫星体系，推进高级合作

在配套模式方面，湖南可以推行中心——卫星配套模式（简称中卫结构）。中卫结构配套模式通常是以大企业为中心、众多中小企业为外围而形成的，配套的中小企业在承包业务的同时，又可将业务进一步分包，从而形成多层次的金字塔型分工协作网络。在整个网络中，大企业处于支配地位，中小企业依附于大企业的生产系统，为其生产某种零件或提供某种服务，或进行限制性销售，形成密切而稳定的分工协作关系，使得中小企业的专业优势得到最大限度的发挥。此外，湖南的中心企业与配套企业也可以考虑结成更稳定的战略联盟型配套关系，中心企业或通过参股、控股、参与技术改造等方式与配套企业合作，扩大中心企业向配套企业的技术扩散，强化大企业对中小企业的资金、人员支持，使生产体系获得更大的竞争优势。

三、大力营造良好配套环境

首先，营造积极发展配套的思想环境。湖南装备制造业应该转变传统经营观念，摒弃“大而全”“小而全”的企业发展思想，转而实现“大而强”“小而精”。中心企业可将非核心业务外包，使自己获得价格低廉、质量稳定的配套产品；承包业务的配套企业在进行专业化生产时，也能较好地实现规模经济。其次，政府应注重引进产业带动能力强的战略投资者，联系本地优势企业为其提供产品配套，或连同其海外配套厂商一起引进，培育区域完整的产业链条；同时也应主动为中心企业和配套企业搭建沟通平台，以定期或不定期的方式，通过专题式会议洽谈、信息发布、新产品推介等一系列工作，向双方提供配套信息。再次，从国际经验和其他地区实践来看，推动产品配套的主体除政府之外，最重要的就是中介机构及社会化服务体系。这些中介机构和服务体系由于贴近市场、熟知企业的需求，是推动配套的长效力量，因此，湖南省应加快中介机构和社会化服务体系建设。

四、打造产业集群，扩大“集聚效应”

产业集群的发展能够带动区域产业链逐步升级。产业集群出现以前，产业链条呈分散的网状结构，产业集群出现以后，集群所在地域内的产业链就呈一种集

中的、密集性的网状结构。随着产业集群向纵深发展，拥有卓越技术创新能力和品牌管理能力的超大型公司将处于产业链的“链主”地位，或主导战略联盟。在这些超大型公司的周围，会聚集大量的配套厂商，从而构成健全、完善的价值网络，产生强大的区域“集聚效应”。目前，湖南装备制造业还未形成发育成熟的产业集群，多的只是集群雏形。因此，政府部门应审时度势，出台政策促进装备制造中心企业与配套企业、生产厂商同研发机构和中介组织之间的合作，加快打造各类产业集群，扩大区域“集聚效应”，提升湖南装备制造业总体配套能力。湖南的工程机械、轨道交通设备、电站及输变电设备等行业有一定的发展基础，各行业的领导企业也表现出较强的扩张欲望，在此基础上形成产业集群是可能的。

第六节　合力提升区域营商环境

党中央、国务院高度重视深化“放管服”改革，优化营商环境工作。近年来，我国营商环境明显改善，但仍存在一些短板和薄弱环节，企业困难凸显，亟需进一步聚焦市场主体关切，对标国际先进水平，既立足当前又着眼长远，采取改革的办法破解企业生产经营中的堵点痛点，强化为市场主体服务，加快打造市场化、法治化、国际化的营商环境，这是做好“六稳”工作、落实“六保”任务的重要抓手。

一、营商环境是决定市场主体活力的制度性条件

营商环境是企业等市场主体在市场经济活动中所涉及的体制机制性因素和条件。党的十八大以来，以习近平同志为核心的党中央高度重视政府职能转变深化“放管服”改革、优化营商环境，为培育和激发市场主体活力提供制度保障。

第一，优化营商环境有助于完善社会主义市场经济体制。“放管服”改革围绕事物发展的全过程、产业发展的全链条、企业发展的全生命周期推进优化营商环境，是党的十一届三中全会以来“放开搞活”历史经验的延续和发展。近年来，我国持续推进市场准入负面清单、公平竞争审查、产权保护制度，聚焦市场主体关切，坚持市场取向价值、接轨国际通行标准，持续推动商事登记、投资项目审批、工程建设监管、跨境贸易、市场监管、双创激励等各领域改革系统集成。创新普

惠型法律金融服务体系，完善退出和破产机制对资源优化配置的功能作用，不断固化各级政府行之有效的改革举措，形成体系化制度性成果，推动我国各方面涉企服务制度政策更加成熟更加定型，完善社会主义市场经济体制理论内涵。

第二，优化营商环境有助于厘清政府和市场边界。深化“放管服”改革坚持市场取向，营造准入更加平等、竞争更加充分、监管更加公正的商业环境，最大化保障市场主体合法权益，保障市场在资源配置中起决定性作用。同时强化政府权力规制，优化政务服务，提高监管水平，有助于推动公共服务高质量普惠共享，更好发挥政府作用。习近平总书记在中央全面依法治国委员会第二次会议上强调法治是最好的营商环境，将改革过程中好的做法经验固化为体制机制，形成制度性成果，在法治层面保障市场在资源配置中起决定性作用更好发挥政府作用，稳定市场主体预期，有利于推动国家治理体系与治理能力现代化。

第三，优化营商环境有助于降低市场主体制度性交易成本。市场竞争归根结底是微观主体之间的竞争，不同企业出于各自利益需求参与竞争，进而在整体上推动国家的经济社会发展，这是市场经济的基本内涵之一。因此，健全市场公平竞争机制，对于激发各类市场主体的活力显得格外重要。通过持续放宽市场准入，保障市场主体依法平等进入与合理退出，吸纳更多人才涌入市场，促进更多企业参与竞争，有利于形成“大众创业、万众创新”的市场氛围，增强企业创业信心，推动企业技术创新与产业创新。同时，通过加大反垄断和反不当竞争的查处，助力健全统一开放、竞争有序的市场体系，促进各项资源的流动与合理配置，有利于形成包容开放与公平竞争的市场环境。

二、优化营商环境与激发市场主体活力的思路

当前湖南省外部环境依然错综复杂，不确定不稳定因素较多，中小微企业困难较大。如何进一步培育和激发市场主体活力，是深化“放管服”改革、优化营商环境的重要课题。

第一，加快明显制约因素的改革，继续发挥主导因素的影响。劳动力成本和道路、网络密度对经济增长有明显的制约，有可能促进 PPP 模式在各个领域的引入，并加速道路、网络的建设。此外，在继续推进创新驱动发展战略、进一步扩大对外开放的同时，加强人才回归指导，吸引外省高新技术人才向湖南发展，

优化湖南省的社会服务环境。医疗服务和技术服务对经济增长形成有影响力的指标，并显示出明显的优势。要保持政策支持，大力推进清洁能源的利用，改善空气质量和绿化覆盖，优化我省生态环境，使用绿色技术，建立健康产业市场环境对区域商业环境至关重要。进出口总指数占整体商业环境指标的比例最高，因此有必要全面提升开放型经济。GDP 增长率代表了该地区的发展潜力，湖南省致力于保持经济的中高速增长，特别是释放长株潭的消费潜力，从传统消费向现代消费转变。引导生活服务业向多元化和个性化转变，大力发展教育、文化、信息、医疗、体育、健身等服务消费，必须协调区域发展，促进产业共建。长株潭地区应促进制造业转型升级和生产性服务业发展，形成新的经济增长点，加快重点转移项目建设，做好重点建设工作，转移污染严重的项目。

第二，加快政务改革，简化行政审批程序，促进政府职能转变为服务型政府。从企业的建立到经营再到退出市场，各个方面都离不开政府的审批和监督。作为政府，对企业和市场的管理应为预先管理，行政审批往往可以控制潜在风险，减少外部性风险给企业带来的伤害，在防止垄断和稳定市场方面发挥作用。但是，行政审批环节仍存在改进优化空间，例如程序过多和流程过长，导致企业运营机构交易成本和机会成本的增加。加快行政许可部门改革，减少不必要的行政审批程序，通过审批部门的联系，促进工商登记手续的便捷化，实施电子营业执照，明确各行政部门之间的行政职责。在商业体制不断改革的过程中，必须完善相关法律法规和配套文件，优化行政人员人力资源配置，培养高素质、高效率的行政人员。创新监管模式，加强效率监测，建立大数据监管中心，增强政府软硬件服务能力，探索新的政府监管模式。改进审批流程和制度机制，更加需要注重诚信建设在整体监管中的重要性，进一步加快诚信制度的完善实施，逐步实现政府相关服务的一站式推进，推动服务型政府职能转变，有利于实现供给侧结构性改革和优化营商环境。探索利用大数据建立企业信用“黑名单”系统，如食品安全、金融信贷、环境保护和安全生产等领域，形成长期机制，严厉惩罚不诚信企业，严格查处假冒、伪造等行为，并及时通知、披露单位或个人重大典型案件，进一步推进廉政文化建设。

第三，以市场为导向的管理激活民营资本。传统投资方式增长乏力，吸引外资缺乏优势，因此，在经济增长的制度机制下，动能转换和市场在资源配置中起着决定性的作用，个人注资对于促进内需激活经济具有重要意义。推进市场化管理，让民营资本参与竞争，在更加公平透明的环境中获取收益，防止资本垄断优势资源，充分发挥民营资本的作用。完善公共设施建设，积极帮助中小企业解决资金问题，尤其是筹融资等，发挥政府公共管理的优势。利用“互联网 +”并加强对网络应用的重视。建立政府门户网站，在政府官方网站上设置不同栏目，写明详细分工，以满足群众需求。在优化营商环境的过程中，有必要适应现代经济发展的需要，通过“互联网 +”新兴技术促进企业发展，满足营商环境优化管理的实际需要，进行网格化处理，实现税务服务独立经营。

第七节　加速产学研相结合

产学研合作是国家创新体系的重要组成部分，对于促进科技成果转化，推动产业转型升级意义重大，党和国家历来对产学研合作高度重视，早在 20 世纪 80 年代就提出促进研究机构、设计机构、高等学校、企业之间的协作和联合，以解决科技经济“两张皮”问题。20 世纪 90 年代，随着我国改革开放和社会主义市场经济建设的不断深入，产学研合作政策进一步发展为鼓励技工贸一体化经营，或与企业进行合作开发、经营。进入新世纪后，世界经济发展与科技创新呈现出新特征，面对产学研合作的新特征与新趋势，党的十八大报告提出着力构建以企业为主体、市场为导向、产学研相结合的技术创新体系。2015 年 5 月，国家出台《中国制造 2025》确立了通过构建制造业创新体系促进政产学研用相结合的新模式。2016 年 7 月，《“十三五”国家科技创新规划》明确提出“坚持以市场为导向、企业为主体、政策为引导，推进政产学研用创紧密结合”的方针，将我国产学研合作推进到一个新高度，我国产学研合作已由产业界、学术界、科研院所的三位一体发展成为凸显政府部门和用户创新主体作用的五位一体协同创新链。

一、国外产学研合作实践与经验

西方发达国家在产学研合作方面起步较早，20 世纪 70 年代至 80 年代，欧美国家在促进产学研合作方面进入立法高峰，相继制定了一系列与产学研合作相关的法案，为产学研合作提供了有效的法律保障。

（1）重视产学研相关法规制定，政府推动产学研各主体开展合作

欧美国家在产学研方面颁布了一系列保护知识产权和鼓励产学研合作的政策，形成了一套有效的产学研合作创新机制。1980 年，美国国会通过了《拜杜法案》，该法案对推进政产学研合作、促进科技成果转化运用、调动研发人员积极性与创造性、保持美国在全球竞争中的技术优势，以及促进经济繁荣方面具有革命性意义。德国政府通过制定相关政策保护知识产权，激发科研机构和科研人员的研发积极性，鼓励科研人员在产业界、公共研究机构与大学之间流动，以利于产学研合作创新。德国科研组织、高校、企业之间关系密切，如弗朗霍夫联合会、马克斯·普朗克联合会、莱布尼兹联合会及亥姆霍兹联合会等科研机构与高校、企业建立了企业出资、高校与科研机构参与研究的产学研合作模式。

第一，制定风险投资政策，鼓励社会对高科技产业投资。为了给产学研合作创新提供资金支持，美国政府制定了一系列风险投资政策促进产学研合作。20 世纪 80 年代，美国政府为鼓励私人风险投资，采取风险投资所得的 60% 免于征税，其余 40% 减半征收的措施。2003 年，美国国会通过相关法案，把长期资本利得税率从 20% 下降到 15%。这些税收优惠措施的实施，使得美国风险投资在 20 世纪 80 年代至 90 年代大幅增长，大幅缩短了美国科技成果转化周期。第二，制定税收减免政策，促使企业参加产学研合作。美国在税收抵免或削减方面规定，企业委托大学或科研机构进行基础研究，所支付研究费用的 65% 可以从所得税中抵扣，并对新产品的中间试验产品也给予免税优惠政策。1981 年，美国国会通过《经济复兴税法》，规定企业向大学和非营利性研究机构捐赠的科研新仪器、设备等可视为慈善捐赠支出，在计税时予以扣除。1982 年，美国国会通过《加强小企业研究与发展法》，在该法案的基础上，美国小企业管理局（SBA）推出了美国小企业创新研究计划（SBIR），该计划对于促进产学研合作，激励小企业科技创新，稳固美国优势领域领先地位功不可没。第三，制定企业研发鼓励政策。美国在《加强小企业研究与发展法》中规定，联邦政府部门 R&D 经费若超过 1 亿美元，则可以将超额部分按法定比例资助小企业技术创新研究。该法律还制作了特殊条款用以保护中小企业在合作研究中的技术发明权，并要求政府鼓励中小企业联合建立技术开发公司等。美国政府通过对企业研究过程中的设备投资给予相应的税收优惠和减免，并采用部分直接财政补贴等措施促进科技创新，这些措

施成为航空航天、IT 技术等高新技术领域迅速发展的催化剂。

政府通过设立专项计划和项目支持产学研合作。20 世纪 70 年代，英国政府为了推动产学研合作，先后实施教研公司计划、链接计划、院校与企业界合作伙伴计划（2003 年后合并为知识转移合作伙伴计划）、法拉第合作伙伴倡议等促进产学研合作，加速科技成果转化。2005 年 7 月，法国政府推出竞争点计划。“竞争点”是指在一定地理范围内，企业、培训中心及研究机构以合作伙伴的方式组合起来，以本地区优势产业为先导发挥优势互补的协同作用，共同开发以创新为特点的项目。法国竞争点计划是一个典型的区域性产学研合作创新计划，类似计划还有美国先进技术计划、德国创新网络计划、瑞典能力中心计划、丹麦从科技到企业行动计划等。

（2）政府出资成立产学研合作服务与研究专门机构

发达国家尤其重视技术创新中介服务与研究机构建设，并在功能上使其日趋完善，成为产学研合作的有效平台。20 世纪 70 年代，在国家科学基金会的资助下，美国相继成立了大学－工业合作研究中心、工程研究中心和科学技术中心。这三类中心兼具研究与教育功能，体现了美国政府对产学研合作的重视。1992 年，美国国会通过了《加强小企业研究与发展法》，并在此基础上推出了小企业技术转移资助计划（STTR）。其目的之一就是加强小企业与研究机构之间的合作，促进小企业和研究机构的科技成果转化。2012 年，美国“小企业技术转移资助计划”获得 2.14 亿美元的财政支持，资助了 637 个项目。德国相当重视产学研合作，在政府的倡导下，建立了多个校企合作研究中心，如 E.ON 能源研究中心（由亚琛工业大学和 E.ON 公司共同建立）和新材料模拟研究中心（由波鸿鲁尔大学的研究所和蒂森克虏伯公司建立），这些校企研究中心的建立有效促进了科技成果转化。德国通过“高校协定 2020”鼓励和资助高校科研项目发展，其协定第二阶段（2011 年—2015 年）规定，凡是由德意志研究联合会发起的科研项目，联邦政府支付 20% 的科研费用。1972 年，英国建立了首个科技园赫利奥特瓦特大学科学园。1975 年，英国创建了剑桥大学科技园。以剑桥大学科技园为代表的英国科技园在促进产学研合作和国家经济发展中发挥了重要作用，已成为英国科技创新的重要支撑点。日本政府通过建立科技城项目，加速大学和科研机构研究成果转化，产生了巨大经济效益。

二、湖南省产学研合作发展对策建议

第一，湖南省政府要将“产学研合作”政策提升为省级战略。从产学研合作政策设计角度看，虽然政府制定了一系列政策和法律法规，但这些文本仍然局限于某些具体主体，而未能将“产学研合作”作为一个整体考虑。湖南省的产学研合作始终未能上升到省级层面，这显然不符合产学研合作发展的需要，也不符合生产力发展需要。因此，要真正推进产学研合作，就必须将产学研合作政策提升至战略性、全局性政策层面，从省级角度设计政策体系。

第二，党的十八大报告明确提出，着力构建以企业为主体、市场为导向、产学研相结合的技术创新体系。产学研协作需要多部门共同努力和联合攻关，这就需要创新管理机制体制，在省级层面设立一个管理和协调机构，加强统筹协调，共同开创产学研结合工作的新局面。可以在这些机构的基础上成立湖南省产学研协作创新委员会，统筹推进产学研合作。

第三，健全产学研合作利益保障机制。产学研合作链条上每一个主体都有两个方面的责任和义务：一方面要提高对产学研合作重要性的认识，另一方面要更加准确地界定各利益主体间的权责关系。强调前者的目的在于认识产学研合作在湖南省经济建设、科技进步、创新能力提高及综合省力跃升中的作用，从而激发推动产学研合作的热情。强调后者的目的在于厘清各个主体间的权利和义务关系，制定更为合理和科学的政策与法律法规，激发各个主体在产学研合作进程中的活力，避免政策与法律法规冲突以及各个利益主体间的冲突，为产学研合作创造良好的政策和社会环境。产学研合作所涉及的政策与法律法规数量较多，既有纵向政策也有横向政策，因此，湖南省最高行政机关和权力机关应该敦促所属部门和科研机构在政策方面加强合作，避免出现上下级政策及部门政策之间的冲突。各职能部门内部和各主体部门内部要厘清内部政策和法规，避免出现内部利益冲突。

第四，深化科研机构体制机制改革。尽管湖南省科研机构体制机制已经进行了改革，但迄今仍有一些体制机制上的问题没有完全解决。未来需要加快改革步伐，构建适应中国特色自主创新体系的现代科研机构制度，使各科研机构（包括高等学校设置的科研机构）能够更加自主地将研究内容与经济社会需求紧密结合，使科研成果更快地转化为现实生产力。

第五，提高湖南省产学研合作国际化水平。湖南省政府应该建立健全在产学研合作方面的规章制度，逐步以中国标准创新国际准则，汇聚国际科技合作资源，有效提升湖南省产学研合作国际化水平。

第六，制定政策和法律法规，促进人才流动。湖南省应制定政策保障研发人员在产、学、研各界充分流动，放宽大学教师到企业兼职的限制。在一定条件下，大学教师可以将研究成果直接带到产业化过程中。同时，允许企业研发人员走进高校，而高校可以在课程设置、学时分配等方面优化设计，并将企业、科研机构的研发人员纳入培养方案中。简化协同创新中心申报过程中的不必要手续，营造良好的政策环境。

结　语

经营绩效问题是企业界和学术界关注的重大课题，本书以湖南省装备制造业为研究对象，利用 DEA 简单分析绩效变化趋势，构建模型，全面考察了装备制造业上市公司经营绩效变化及其影响因素，本书做出了以下主要工作：

（1）提出智能制造推动装备制造业发展升级的作用机制，在分析智能装备制造业的内涵与特征的基础上，研究影响智能装备制造业转型发展的关键要素，为研究假设的提出奠定了基础。

（2）在介绍技术创新理论与测度方法的基础上，结合湖南省装备制造业技术创新现状，采用 DEA-BCC 模型对装备制造业技术创新效率测度分析，并用 Tobit 模型对湖南省智能装备制造业企业的 R&D 外部影响因素进行分析，构建了 R&D 投入产出效率评价指标体系。

（3）从政策设计、过程有效性评估、政策执行、目标市场开拓、营商环境、产业集群六个方面对影响湖南装备制造业经营效率的因素展开分析，并在此基础上总结出湖南装备制造业经营效率提升路径。

参考文献

1. 专著类

[1] 配第 . 政治算术 [M]. 马妍 , 译 . 北京 : 中国社会科学出版社 ,2010.

[2] 周振华 . 产业结构优化论 [M]. 上海 : 上海人民出版社 ,2014.

[3] 西蒙 · 库兹涅茨 . 各国的经济增长 : 总产值和生产结构 [M]. 常勋 , 等 , 译 . 北京 : 商务印书馆 ,1999.

[4] 赫希曼 . 经济发展战略 [M]. 曹征海 , 潘照东 , 译 . 北京 : 经济科学出版社 ,1991.

[5] 迈克尔 · 波特 . 国家竞争优势 [M]. 李明轩 , 邱如美 , 译 . 北京 : 中信出版社 ,2012.

2. 论文集

[1] 李超 . 信息技术在装备制造业中的应用 [C]. 云南省机械工程学会 . 云南省机械工程学会 2010 年年会论文集 ,2010.

[2] 叶猛 , 屈贤明 . 用高新技术改造装备制造业是走新型工业化道路的一条有效途径 [C]. 中国测绘学会 . 全面建设小康社会：中国科技工作者的历史责任——中国科协 2003 年学术年会论文集（下）,2003.

3. 期刊文章

[1] 李星 , 戚湧 , 张桂阳 . 高端装备制造企业创新的多重并发因果关系研究 [J]. 中国科技论坛 ,2023(02):82–92.

[2] 耿建光 , 桑国彪 , 任江涛 , 等 . 装备制造企业数字化转型应用支撑平台框架研究 [J]. 现代制造工程 ,2023(01):27–34.

[3] 王成东 , 孟浩 , 蔡渊渊 . 服务化水平、动态能力与服务化绩效——基于中国高端装备制造企业的实证研究 [J]. 科技与管理 ,2023,25(01):24–33.

[4] 戚聿东，郝越，侯娜，等 . 装备制造企业数智化转型的模式与路径探索——基于山河智能的案例研究 [J]. 经济管理 ,2022,44(11):25–45.

[5] 廖小菲，傅靖怡 . 绿色供应链效率、绿色创新与企业财务绩效——以装备制造企业为研究对象 [J]. 吉林工商学院学报 ,2022,38(05):59–67.

[6] 郑季良，宋书也 . 数字化投入对航空装备制造企业创新绩效的影响机制研究 [J]. 科技管理研究 ,2022,42(19):118–127.

[7] 唐孝文，缪应爽，孙悦，等 . 高端装备制造企业数字化成熟度测度及影响因素研究 [J]. 科研管理 ,2022,43(09):10–19.

[8] 杨瑾，李蕾 . 数字经济时代装备制造企业颠覆式创新模式——基于扎根理论的探索 [J]. 中国科技论坛 ,2022(08):89–99.

[9] 孟凡生，徐野，赵刚 . "工业 4.0" 背景下新能源装备制造企业智能化升级过程及影响机理研究 [J]. 管理评论 ,2022,34(07):326–338.

[10] 祝建辉，宁昊天，尤俊锐 . 专利合作网络结构特征对企业探索式创新的影响——以航空装备制造企业为例 [J]. 科技管理研究 ,2022,42(09):128–135.

[11] 马鹤丹，张琬月 . 环境规制组态与海洋企业技术创新——基于 30 家海工装备制造企业的模糊集定性比较分析 [J]. 中国软科学 ,2022(03):124–132.

[12] 张鹏，周恩毅，刘启雷 . 装备制造企业数字化转型水平测度——基于陕西省调研数据的实证研究 [J]. 科技进步与对策 ,2022,39(07):64–72.

[13] 刘晓娴，张鹏 . 装备制造企业数字化转型驱动机制研究——基于扎根理论对陕汽集团典型案例的分析 [J]. 价格理论与实践 ,2021(09):193–196.

[14] 王冉，王燕 . 中国装备制造业产业结构升级的对策分析 [J]. 现代制造技术与装备 ,2021,57(09):211–212.

[15] 刘启雷，张媛，雷雨嫣，等 . 数字化赋能企业创新的过程、逻辑及机制研究 [J]. 科学学研究 ,2022,40(01):150–159.

[16] 王海杰，安康 . 财政补贴、融资约束与高端装备制造企业研发投入 [J]. 科技管理研究 ,2021,41(06):124–131.

[17] 夏玲 . 人工智能与装备制造业融合的经济机制 [J]. 经济研究导刊 ,2020(31):21–22.

[18] 夏玲 . 人工智能赋能装备制造业 [J]. 北方经贸 ,2020(06):132–134.

[19] 于兆吉，单诗惠 . 辽宁省装备制造业智能化现状、问题与对策 [J]. 沈阳工

业大学学报（社会科学版）,2020,13(01):46-49.

[20] 孟凡生，徐野，赵刚．高端装备制造企业向智能制造转型过程研究——基于数字化赋能视角 [J]. 科学决策 ,2019,(11):1-24.

[21] 王淑荣．人工智能与装备制造业融合发展研究 [J]. 边疆经济与文化 ,2019(09):15-17.

[22] 谭剑，黄宗远，肖珂．信息技术促进装备制造业创新发展研究 [J]. 北京交通大学学报（社会科学版）,2019,18(03):78-84.

[23] 徐建中，曲小瑜．低碳情境下装备制造企业技术创新行为的影响因素分析 [J]. 科研管理 ,2015,36(03):29-37.

[24] 任曙明，吕镯．融资约束、政府补贴与全要素生产率——来自中国装备制造企业的实证研究 [J]. 管理世界 ,2014(11):10-23+187.

[25] 杜晓静．河北省装备制造业服务化转型的制约因素和发展策略 [J]. 河北学刊 ,2014,34(03):216-219.

[26] 任曙明，张静．补贴、寻租成本与加成率——基于中国装备制造企业的实证研究 [J]. 管理世界 ,2013(10):118-129.

[27] 朱森第．我国装备制造业的现状与发展战略 [J]. 机电工程技术 ,2001(02):10-12.

[28] 徐龙志．“智造”生态圈协作模式助推常州装备制造业发展研究 [J]. 南方农机 ,2022,53(20):22-24.

[29] 孙忠悦，张壮．数字经济时代装备制造业与生产性服务业耦合协调发展研究 [J]. 内蒙古财经大学学报 ,2022,20(05):123-126.

[30] 王晓玲，韩平．数字经济与装备制造业融合发展研究——以东北地区为例 [J]. 技术经济与管理研究 ,2022(05):105-110.

[31] 于洋．我国冰雪装备制造业发展研究 [J]. 边疆经济与文化 ,2021(03):39-41.

[32] 谭剑，黄宗远，肖珂．信息技术促进装备制造业创新发展研究 [J]. 北京交通大学学报（社会科学版）,2019,18(03):78-84.

[33] 林迎星，廖菊珠．基于创新驱动的福建省高端装备制造业发展研究 [J]. 福建论坛（人文社会科学版）,2019(07):177-184.

[34] 王晓婷，邹昭晞．京津冀协同创新共同体下高端装备制造业发展研究——以航空航天器制造业为例 [J]. 学习与探索 ,2017(08):134-140.

[35] 梁启东，刘晋莉 . 辽宁装备制造业发展研究 [J]. 财经问题研究 ,2013(05):40–44.

[36] 王乐平 . 赤松要及其经济理论 [J]. 日本学刊 ,1990(03):117–126.

[37] 王滢波 . 人工智能发展及其影响 [J]. 信息安全与通信保密 ,2016(12):20–22.

[38] 张妮，徐文尚，王文文 . 人工智能技术发展及应用研究综述 [J]. 煤矿机械 ,2009,30(02):4–7.

[39] 罗连发，储梦洁，刘俊俊 . 机器人的发展：中国与国际的比较 [J]. 宏观质量研究 ,2019,7(03):38–50.

[40] 韩民春，赵一帆 . 工业机器人对中国制造业的就业效应 [J]. 工业技术经济 ,2019,38(11):3–12.

[41] 刘淑茹 . 产业结构合理化评价指标体系构建研究 [J]. 科技管理研究 ,2011,31(05):66–69.

[42] 高远东，张卫国，阳琴 . 中国产业结构高级化的影响因素研究 [J]. 经济地理 ,2015,35(06):96–101+108.

[43] 徐辉，李宏伟 . 丝绸之路经济带市域经济增长与产业结构变化 [J]. 经济地理 ,2016,36(11):31–37.

[44] 许金菁 . 产业结构升级量化测算方法与运用 [J]. 统计与决策 ,2017(13):76–79.

[45] 潘健生，王婧，顾剑锋 . 我国高性能化智能制造发展战略研究 [J]. 金属热处理 ,2015,40(01):1–6.

4. 学位论文

[1] 侯彦超 . 装备制造业与现代服务业融合的影响因素及路径研究 [D]. 镇江：江苏大学 ,2022.

[2] 王路霞 . 长三角装备制造业智能化水平及影响因素研究 [D]. 南京：南京信息工程大学 ,2022.

[3] 刘洁 . 数字化转型对装备制造企业绩效的影响研究 [D]. 大连：大连理工大学 ,2022.

[4] 张璐 . 高管激励、资产质量对装备制造业上市公司财务绩效的影响研究 [D]. 大庆：东北石油大学 ,2022.

[5] 姬小浩 . 融资约束、股权结构与企业绩效的关系研究 [D]. 石家庄 : 石家庄铁道大学 ,2022.

[6] 吴淼 . 减税政策对我国制造业企业转型升级的影响研究 [D]. 昆明 : 云南财经大学 ,2022.

[7] 李奂妍 . 产业链分解与优化视角下的我国装备制造业升级路径研究 [D]. 沈阳 : 沈阳工业大学 ,2022.

[8] 范怡娟 . 数字经济背景下辽宁装备制造业转型升级研究 [D]. 沈阳 : 沈阳师范大学 ,2022.

[9] 陈丽 . 装备制造业上市公司财务弹性对企业价值的影响研究 [D]. 贵阳 : 贵州财经大学 ,2022.

[10] 吴勇 . 技术创新能力对中国装备制造业出口竞争力影响研究 [D]. 石家庄 : 河北经贸大学 ,2022.

[11] 袁月 . 数字经济对我国装备制造业高质量发展的影响研究 [D]. 沈阳 : 辽宁大学 ,2022.

[12] 段佳音 . 人工智能赋能对装备制造业出口竞争力影响的实证研究 [D]. 重庆 : 四川外国语大学 ,2022.

[13] 周伟 . 装备制造业跨境电商平台设计及运营模式研究 [D]. 沈阳 : 沈阳大学 ,2021.

[14] 钱鹏 . 人工智能背景下装备制造业升级机理研究 [D]. 无锡 : 江南大学 ,2021.

[15] 谷隆迪 . 数字转型、制造业服务化与装备制造业绩效研究 [D]. 昆明 : 昆明理工大学 ,2021.

[16] 张元芹 . 辽宁装备制造业智能化转型的影响因素研究 [D]. 沈阳 : 辽宁大学 ,2021.

[17] 李强 . 中国装备制造企业高质量发展研究 [D]. 长春 : 吉林大学 ,2020.

[18] 张金路 . 辽宁省装备制造业与信息产业的关联程度分析 [D]. 哈尔滨 : 哈尔滨商业大学 ,2018.

[19] 侯晋珊 . 透过工业 4.0 解析 “中国制造 2025” [D]. 北京 : 北京工业大学 ,2017.

[20] 刘星星 . 智能制造推动我国装备制造业升级发展研究 [D]. 福州 : 福建师范大学 ,2017.

[21] 顾娜娜 . 长江经济带装备制造业产学研创新网络研究 [D]. 上海 : 华东师

范大学 ,2015.

[22] 赵少华 . 装备制造业服务化实现路径研究 [D]. 哈尔滨 : 哈尔滨理工大学 ,2014.

[23] 王慧敏 . 辽宁省装备制造业信息化发展战略问题研究 [D]. 大连 : 大连交通大学 ,2007.

[24] 王文选 . 数字经济赋能黑龙江省装备制造业高质量发展研究 [D]. 哈尔滨 : 哈尔滨商业大学 ,2022.

[25] 李阳 . 创新视域下装备制造业高质量发展研究——以大连湾临海装备制造业聚集区为例 [D]. 呼和浩特 : 内蒙古师范大学 ,2021.

[26] 顾海艳 . 河南省物流业与装备制造业联动发展研究 [D]. 郑州 : 河南工业大学 ,2021.

[27] 陈美齐 . 东北地区装备制造业与生产性服务业的融合发展研究 [D]. 哈尔滨 : 哈尔滨商业大学 ,2021.

[28] 李闪闪 . 我国装备制造业与高技术服务业融合发展研究 [D]. 太原 : 山西财经大学 ,2018.

[29] 王陈陈 . 西安市高端装备制造业发展研究 [D]. 西安 : 西安工业大学 ,2018.

[30] 刘星星 . 智能制造推动我国装备制造业升级发展研究 [D]. 福州 : 福建师范大学 ,2017.

[31] 武永娜 . 中国高端装备制造业发展研究 [D]. 沈阳 : 辽宁大学 ,2016.

[32] 韩东钊 . 风电装备制造业发展研究 [D]. 长春 : 吉林大学 ,2016.

[33] 陈晓洁 . 浙江省装备制造业与生产性服务业协调发展研究 [D]. 杭州 : 浙江财经大学 ,2015.

[34] 崔纯 . 中国生产性服务业促进装备制造业发展研究 [D]. 沈阳 : 辽宁大学 ,2013.

[35] 郭笑梅 . 黑龙江省高端装备制造业集群发展研究 [D]. 哈尔滨 : 哈尔滨商业大学 ,2013.

[36] 赵林飞 . 全球产业网络下的企业社会责任和产业升级 [D]. 上海 : 东华大学 ,2010.

[37] 冀晨晨 . 跨国并购逆向技术溢出效应的影响因素研究 [D]. 北京 : 北京交通大学 ,2017.